舞蹈旅程的记忆

一位中国民族民间舞教育者的口述史

总主编/李 续 主 编/邓佑玲 副主编/仝 妍

潘志涛◎著

（下）

北京舞蹈学院院庆60周年献礼
新中国舞蹈发展史·舞蹈人物研究丛书
北京市教育委员会科技创新平台资助项目

中央民族大学出版社

图书在版编目（CIP）数据

舞蹈旅程的记忆：一个中国民族民间舞蹈教育者的口述史/潘志涛著.
—北京：中央民族大学出版社，2013.9
ISBN 978 – 7 – 5660 – 0503 – 8

Ⅰ．①舞…　Ⅱ．①潘…　Ⅲ．①潘志涛—回忆录　②民族舞蹈—
舞蹈评论—中国—文集　Ⅳ．①K825.76②J705.2 – 53

中国版本图书馆 CIP 数据核字（2013）第 223762 号

舞蹈旅程的记忆

作　　者	潘志涛
责任编辑	白立元
封面设计	魔弹文化
出 版 者	中央民族大学出版社
	北京市海淀区中关村南大街 27 号　邮编：100081
	电话：68472815（发行部）传真：68932751（发行部）
	68932218（总编室）　　　68932447（办公室）
发 行 者	全国各地新华书店
印 刷 厂	北京宏伟双华印刷有限公司
开　　本	787×1092（毫米）　1/16　印张：20.5
字　　数	360 千字
版　　次	2013 年 10 月第 1 版　2013 年 10 月第 1 次印刷
书　　号	ISBN 978 – 7 – 5660 – 0503 – 8
定　　价	60.00 元（上、下）

目 录

·下篇　学术理论文章·

民间舞蹈的继承与创新

——课余随想之一

潘志涛

近来，民间舞的革新和发展引起了大家特别地关注。全国舞蹈比赛、少数民族文艺会演虽出现了一些不错的节目，课堂教学也还热热闹闹，但我觉得在民间舞的发展上，我们还是有许多根本问题需要解决。

对于民间舞的继承和发展，只是泛泛地从理论上谈不会有什么大的分歧，大家都讲得头头是道，并且很"辩证"。但是在实际的做法上却是有很大的差别，甚至是根本不同的。

我主张当前民间舞首先应该注重发展和创新。具体的做法可以是：1. 重点研究现状；2. 刻意改变旧貌；3. 着重普及群众。

继承和抢救的问题虽然重要却应该放在这些工作的进程中有目的、有选择地来做。对于古的、死的、习惯了的东西，我认为适应当前需要的我们才应该去花工夫，与当前还无用的可以搁置些时候再说，不要怕失传，其实从有了人类以后，许多东西都失传了，其中绝大部分是因为它始终用处不大。

首先，我感到对民间舞素材的整理、运用、创作和教材编写，至今都取得哪些进展现在尚缺乏专门的人来研究，或者说，是研究得不够和不好。新中国成立后，我国舞蹈事业的发展可以说比之任何一种艺术都要快一些。新中国成立初期也涌现出像《荷花舞》、《红绸舞》等至今脍炙人口的好作品。我们搞民族民间舞的人过去和现在也辛辛苦苦地做了不少工作，搞出过不少作品。可悲的是，民间舞蹈近年来反被"西班牙"、"天鹅之死"之类舶来品给顶下去了。最近的将来我们还会看到现代舞恐怕也要席卷一下我们的舞台。这个现状大家都看见了，却很少有人真正地去深入研究一下究竟怎么会造成今天这个局面。我们歌舞团和艺术学校的一些领导同志以及一些创作人员仍然拿着新中国成立初期和 50 年代的东西来搪塞我们的观众。观众不买我们的票，是完全可以理解的。如果我们不花点工夫来研究当前这些观众的需要，他们的欣赏角度，他们的思想感情，并依此使我们的工作做相应的改变，而只是一味按我们习惯了的一套去创作、去教学，最终他们将不得不把我们抛弃。重点研究现状就是要着重研究民间舞蹈的实践如何适应当今观众的需要。

民间舞素材的收集与整理以及教材的编写，沿袭 50 年代的做法是不行的。只满足于从民间学下来，拿上来依样画葫芦搬到课堂上、舞台上也是不能适应今天的需要的。民间舞中，尤其是汉族的民间舞需要大大地革新，逐渐地改变它旧有的面貌才能适应不断变革着的社会需要。汉族的秧歌分布在全国的东南西北，我们现在所能见到的民间的形式和内容差不多都形成于明、清以后，恐怕更多的是在清朝完成的。这一朝代的舞蹈在我国历史上并没有什么特别值得我们炫耀的。政治上的重压，礼教、道德上的束缚都明显地在民间舞蹈的形式和内容上得到反映。这些东西拿到今天的舞台、课堂上而不做大的改变、革新，自然不能令人满意。即使还于民间，让人们依旧用此去表现几世纪前人的思想感情、精神面貌，我看也是不公平的。不逐步地改变民间舞现在在农村的显然是非常旧的面貌，是断然不能和现代已经或是将要操纵现代化机器的农民协调起来的。有些外国人看了我们这些风格特异的东西后，劝说我们最好原封不动，否则就变味了。当然，我们是可以有一部分人专门从事保存古物工作的，但是，更多的舞蹈工作者还是要面向生活在现代的中国人。

普及群众性的民间舞是至关重要的问题。中国目前还有许多人不能明白"唱戏"为什么要唱这种"哑巴戏"？有那么多人不理解舞蹈，怎么能谈到舞蹈的提高呢？民间舞这种形式，实际上是提高群众对于舞蹈的认识最直接、最生动的形式。通过自己跳，或者是看到熟悉的人跳，人们一下子就能体会到舞蹈的意义了。在我们这个至今还有不少人认为舞蹈是一种不"正经"活动的国家里，要普及舞蹈无疑是很困难的。但更大的阻力是我们专业舞蹈工作者就不够重视普及工作。一些下去采风的人经常只是去完成猎奇的任务，很少去重视民间舞本身的改进和提高。数十年来只是从民间剥取可以轻而易举搬上舞台的东西，没有考虑过我们可以为他们做些什么。很明显，老的艺人死了就等于真正的那一二招失传了。即使老的传给了小的，最终还是老的那一套，往往还更差了一筹，顺沿下去，民间舞还能有什么生命力呢？

要想群众（城市、农村）欢迎我们，首先就要使他们理解我们，其中最好的办法莫过于让他们自己身体力行一下，把民间舞普及起来，让尽可能多的人跳跳舞。甚至，干脆从大力开展社交舞着手，有组织、有引导的社交舞。我相信最终可以为新的民间舞蹈的产生奠定基础。新的民间舞蹈的产生，群众性舞蹈普遍展开必然导致舞台表演舞蹈的繁荣和深入。总之，可以肯定的一点是：民间舞蹈以及整个舞蹈事业的发展都要面对现时代的人和将来的人。

（原载于《舞蹈》1980 年第 6 期）

"桃李杯" 赛后谈

潘志涛

一

在中国这个文明古国里，舞蹈是最古老的艺术形式。不过，在以往几千年漫长的岁月中，人们只是盲目地任其自然地发展，很少有人站在一定高度上，去认识它和总结它，尤其是自觉地按照一定的艺术原则去引导它和发展它。今天，在这个富于变化的开放的时代，各种复杂纷纭的社会思潮、文艺思想当然也会影响到我们舞蹈界，这必将带来艺术上的真正的繁荣。不过，我们所理解的艺术上的繁荣和时代的精神特征，不仅包括对现时代生活的敏锐反映，而且，也包括对传统的民族文化艺术、历史遗产的重新理解和深入发掘。包括以现时代应有的认识深度，去再次评价历史。尤其是我们舞蹈界，应该表现为对自己艺术特征的系统认识，提出明确的艺术原则，以此为前提，使各种风格流派的舞蹈都得到健康充分的发展。

中国民族舞蹈艺术，应该包括几个方面：具有特定历史风格的传统古典舞；以某一民族或地区风格特色为标志的民间舞；反映现实生活的新舞蹈创作。中国舞"桃李杯"邀请赛，艺术上是使中国的民族民间舞蹈艺术在表演和创作上进一步专门化，以传统的古典舞和民间舞为主要内容，同时，鼓励反映现代生活的作品创作。之所以如此，并非是对不同艺术流派方法人为地划分主次，而是因为中国古典舞和民间舞作为我们民族传统的审美观念、风格特征的集中体现，是塑造舞蹈形象，体现民族精神气质的基础性手段。即使是表现今天的人和生活内容，也不能在艺术上完全切断与这一基础的联系。因此，无论是在创作表演中，还是在教学中，对于传统的古典舞和民间舞艺术内容的掌握以及充分实践，都是极为重要的。唯此，第一届中国舞"桃李杯"赛，最先在这方面提出要求。为了切实贯彻这一艺术原则，除了在参赛的剧目内容上，做了必要的规定之外，比赛在基本功训练组合中，也安排了规定动作和技术技巧。这些动作技巧的艺术特点，即在精神气质上具有我们民族的特色，同时，动作本身也多是在传统的古典舞、戏曲舞蹈和武术等形式中产生而来。每个选手，除了在比赛过程可以充分展现自己在动作技巧方面的特长以外，必须完成规定动作。并且，整个组合在艺术风格上，要与这些工作所具的民族特色统一起来，这就保证在基本功训练方面，也在体现比赛中提出的艺术原则。

二

从 9 月 25 日至 9 月 30 日，经过了剧目、基本功训练组合和民间舞组合等项目的比赛，共有 12 名选手进入了男女前六名的决赛。成年女子组一等奖获得者刘敏，是中国人民解放军总政歌舞团演员，在这次比赛中，刘敏最为突出的特点，是比较全面的艺术修养以及由此带来的动作形象的成熟感。刘敏擅长于塑造人物性较强的舞蹈形象，这些舞蹈形象，又多是感情深沉、性格坚毅的女子，如张志新（《割不断的琴弦》）陈铁军（《刑场上的婚礼》）王昭君（《昭君出塞》）。所以，刘敏所适应的角色范围，本身就具有一定的难度。在比赛中，刘敏首先表现出来的，是她在动作技巧上的较高水平下的控制能力，给人以深刻印象。特别是在《昭君出塞》中长水袖的作用，可以看出，她在掌握这一民族舞高难表演技巧上，有非一日之功的训练。此外，刘敏的技巧还在于她不为单纯的炫耀，没有在人物内容中硬性插入的高难度动作。相反，必要的时候，通过朴素无华的动作也可反映她塑造人物的艺术造诣。在《昭君出塞》中，有长达一分多钟的碎步圆场，在作品创作上看，是为了表现王昭君从中原到塞外，千里迢迢，孤独寂寞之感，但是在独舞作品中，如此之长的圆场不易摆脱冗长乏味之感。而刘敏对人物感情和性格的把握，避免了这种不利因素，始终给人以雍容大度的形象感受。刘敏的不足，在于对传统的古典舞和民间舞固有的风格韵律掌握不够，所以，她舞蹈的风格性，不如她对人物内容表现的那么生动；动作的韵律感，不如动作的技巧性那么具有自如的表现力。

另一位成年女子组一等奖获得者，是沈阳军区前进歌舞团的王明珠。这位 21 岁的女演员有引人注目的技巧能力。她表演的《盛京健鼓》得到了普遍的好评，在鼓上的控制动作和踩木屐的旋转技巧让人为之惊叹，反映出王明珠良好的形体条件和训练有素的舞蹈基础。她和沈阳军区前进歌舞团的另一位女选手古梅，（获优秀表演奖）成功地做出了紫金冠转两周的高难度技巧，对民族舞的技巧性动作做了新的发展。王明珠塑造舞蹈形象，有自己的独到之处，在《盛京健鼓》中，尽管舞蹈动作的幅度和技术难度较大，但王明珠表演自如，未失其少女应有的妩媚情态，她是一位很有实力的舞蹈新秀。同刘敏相似，王明珠亦是在舞蹈的风格韵律上显出薄弱之处。在处理技巧与艺术风格及人物内容的关系上，有时候过于强调单一动作的高难度，而不够注意动作与动作之间的相互衔接，以及贯穿始终的韵律感，使技术性高于艺术性。

刘敏和王明珠分别代表了部队文艺团体舞蹈训练和表演的两大特点：一是注重人物形象内容的表现，部队文艺团体重视创作，教学训练直接与舞台结合。因此，演员在舞台经验、实际表演能力上成熟较快。二是重视技术技巧、身体能力的训练，这是部队文艺团体久已有之的传统。具体到此次"桃李杯"赛中，表现为新的高难度动作的产生和肌肉能力上的进一步强化。刘敏的大跳与旋转，王明珠、古梅等演员的控制和紫金冠转等技术动作，都是建立在这个基础上的。同时，刘敏、王明珠等人在古典舞、民间舞风格韵律感上表现出来的不足，也和部队舞蹈教学和创作特点有关。

三

舞蹈的风格性和规范化，是地方舞蹈院校保持的艺术传统。

北京舞蹈学院大学部表演专业学生李恒达，是这次"桃李杯"赛成年男子组一等奖获得者。这位曾经受过芭蕾训练的选手，在进入北京舞蹈学院学习民族舞以后，对中国古典舞和民间舞的掌握，同样达到了应有的规范化程度。他的舞蹈动作干净准确，通过动作本身饱满的韵律和对人物感情贴切地表达，打动观众。李恒达是比较全面的演员，他曾在大型民族舞剧《屈原》中，成功地塑造了这位古代伟大诗人和政治家的形象。这次比赛中，他又在古典舞蹈《新婚别》中，扮演一位即将告别新婚妻子、奔赴战场的古代青年将领。对那种英雄气概、刚柔交织的人物情感，有着生动的刻画。李恒达在古典题材人物表现上的艺术造诣，正与他对中国古典舞风格韵律的掌握有直接的联系。

在动作的韵律感和风格性方面具有代表性的，是成年女子组三等奖、北京舞蹈学院大学部表演专业学生沈培艺。虽然她是尚未毕业的学生，在舞台经验和素质能力上不够成熟，但是在这次"桃李杯"赛中，她的形体动作细腻而丰富的艺术表现力以及对中国古典舞、民间舞风格韵律的准确表达，使她的舞蹈具有独特的艺术魅力。沈培艺的表演含蓄内向，长于抒情。她在北京舞蹈学院受到系统的中国古典舞和民间舞的教学训练，从而体现出舞蹈学院特有的艺术风格，即注重保持传统的民族精神气质、情感方式，强调舞蹈动作应有的风格性和韵律感，在基本功训练的控制组合中，全部动作由一个统一的情绪基础所贯穿，不仅注重具体动作的力量控制，而且，讲究动作之间的相互衔接，保持内在韵律的流畅与完整。在剧目表演中也是这样，她塑造的《新婚别》中新娘的形象，不以炫人眼目的高难技巧胜人，而是始终保持对人物内心情感过程的细致入微的表现，使舞蹈表演绵绵不断，经久耐看。

北京舞蹈学院在训练和培养演员方面表现出来的风格特点，反映出目前民族舞蹈艺术发展的又一种倾向——强调舞蹈形象整体上的风格特色和细部动作的韵律感觉，注意动作的规范化以及对传统的古典舞、民间舞固有风格特征的准确表达。与部队舞蹈训练有所不同，这种学院方式的舞蹈教育，更为追求舞蹈形象的艺术鉴赏性和持久的审美价值。但同时，由于这种艺术鉴赏性和审美价值的形成，是建立在对过去相当长的历史过程中，我们民族总的审美观念和精神特征的概括基础上，与现实社会有一定的距离，所以，这种艺术倾向，对现代生活内容的反映表现，不够敏感。所培养的演员是否能全面地适应现代题材的舞台形象，还有待实践去证实。此外，在高难度动作技巧的追求方面，地方院校不像部队文艺团体那么迫切，因而造成了技巧和素质能力等方面的差距。

四

还应该特别提到的，是成年男子组三等奖获得者，北京军区战友歌舞团赵明。在进入决赛的 12 名选手中，赵明是唯一两轮剧目比赛均采用现实题材舞蹈作品的演员。他是在自觉地探求民族舞蹈表现时代生活内容的新的艺术方法。这是一条异常艰难的路，因为所涉及的绝不只是舞蹈的内容题材问题，还必须解决内容题材的现实性与舞蹈动作手段的传统性的关系问题。由于传统的中国古典舞和民间舞有经过长期历史演变而逐步形成的风格动律系统，如果在动作方法上随意打破这一动律系统，就会破坏已有的风格特色。但是，正因为这些传统的舞蹈风格动律，是以过去某一阶段的社会历史作为自己产生的基础，必然会带有过去历史的局限性，与现实社会产生一定距离。如何继承传统舞蹈艺术中具有我们民族精神本质特征的风格动律，同时，在这一前提下对传统进行应有的突破，发展出新的，具有时代性的舞蹈动律手段，这是一大难题。但是，又非解决不可。就这一点看，赵明在此次"桃李杯"赛中的实践探索，有特殊意义。他自己创作并演出的独舞作品《囚歌》在人物内容、动作手法、舞台美术方面都作了新的尝试。特别是舞蹈动作方面，将古典舞身法与现代舞中最富表现力的躯干部分动作糅合起来，用以表达人物复杂变化的内心感情，扩大了动作本身的艺术表现力。

在这次"桃李杯"赛中，赵明这样的演员和演出作品，在数量上并不具优势，但是，却可以代表一种独立的艺术倾向，反映出我们民族舞蹈发展中，一股不可逆转的趋势。尽管目前有很多问题要讨论解决，但以后一定会有大量的编导演员进行这方面艺术实践。因为，任何艺术都不能只靠表现过去的历史来维持自己的存在，迟早都会与所处的时代，产生直接的反映关系，并且以此为创作的主导。

第一届中国舞"桃李杯"邀请赛结束了。我们更为关心的，是它将对发展我们民族舞蹈艺术，起到怎样的推动作用。中国的舞蹈艺术真是丰富了，如果想要把如此丰富的艺术，限制在一个固定的法则模式中，是不切实际的。其实艺术恰恰是强调个性。不同民族的舞蹈，要以自己民族的风格特色相互区别，同一民族的舞蹈艺术，为什么不能以各种不同的风格流派来保持自身的丰富呢？此次"桃李杯"赛，各地选手的表演实践，已经证实了这一舞蹈艺术发展的必然性，这将留给我们对教学训练及舞蹈创作等多方面问题的思考。也许，第一届中国舞"桃李杯"邀请赛的主要意义正在于提出问题，那么，这本身就是一个很好的开端，它标志着我们在认识和发展民族民间舞蹈艺术方面，进一步从必然王国，走向自由王国。

（原载于《舞蹈》杂志 1985 年第 6 期）

写在公开课之后

潘志涛

　　1月27日，北京舞蹈学院与舞蹈教育学会联合举办了我院第二届表演专业大专班的基训、水袖、剑、表演课的毕业考试公开课。公开课之后，来自全国舞蹈院校、文艺团体的专家、教师，进行了一天气氛热烈、求实认真的讨论。我们从肯定、批评的两种意见中，受益匪浅。这次活动，对我们今后的教学工作，起到了积极的推动作用。我们愿借此机会，向舞蹈教育学会，向全体与会的同志们表示衷心地感谢。

　　我们深知这堂课存在的问题很多，但正是因为有问题，才需要有更多的同行给予帮助。在公开课后的讨论会上，大家开诚布公、各抒己见，那团结合作的气氛，使我们深受感动。大家对走自己的路，建立中国舞蹈教学体系坚定不移的信念，给了我们勇气和力量。我们诚心地希望，能多组织这种旨在加强团结、相互促进的活动。为中国舞蹈事业的大发展，我们需要团结奋斗。

　　在这届大专班的教学工作中，我们在院长的领导下，做了一些新的尝试和探索。我们以"桃李杯"的比赛办法为依据，改革了考试制度，成立了由古典舞蹈专家和教师所组成的考试委员会，并由他们制定了考核标准。在考试的组合准备过程中，采取了老师与学生相结合的方式。考试办法的改革，从根本上改变了授课方式，一个新的授课形式由此产生了，那就是：因材施教，大课与个别课相结合。为了加强学生的独立思考能力，组合音乐的选择，组合动作的编排，在开始时均放手让学生自己去做，然后再由任课教员和指导教师去加工修改，并由他们解决技术和风格上的问题。这样做，就充分发挥了学生的创造性和想象能力，使学到的知识，在一定的规范之中加以运用；

同时也集中了教员的教学精力，这是一条变灌输式教学为启发式教学的改革之路。这一届 15 名大专生，在原有的基础上都有了显著的长进，尤其在参加"桃李杯"比赛的学生身上鲜明地看到了这一点。他们在民族身法和技术技巧的融合上，在高难度技巧的掌握上都较前有了改进。一些同志反映，这将是一批高水平的演员，无论是在形象技术，还是韵味方面，都有了我们民族自己的风格。这些过誉的评价，使我们信心倍增；同时，更使我们清醒地认识到建立自己民族舞蹈体系的责任重大。

我们的表演课，引起了全体与会者的极大兴趣和关注，在基本的做法上得到了大家的肯定。这门课仅开了三个学期，但在学生身上的成效确实是显著的。过去，我们常听到使用单位反映我们的毕业生到团里，要有几年的适应时间才能正式使用。这种强烈的反映，引起了院领导和我们的深思。问题出在哪里呢？怎样才能培养出在学校是好学生，毕业后是好演员的人才呢？表演课任课教员提出的：身体、思维方式的两个解放，针对我们教学中存在的问题。检查过去，在某种程度上还是束缚了学生的手脚。表演课教员在课堂上的做法是：充分调动学生的潜在积极因素，引而不发。启发式教学活跃了课堂上的气氛和授课方式，使学生懂得舞蹈、会舞蹈、由衷地来舞蹈，这样就收到了良好的效果。这门课，紧抓音乐教育不松手，从节奏入手，用身体的各部位来表演音乐，这就不仅密切了舞蹈与音乐的关系，同时也加强了学生的音乐修养。音乐教员在这门课上与舞蹈教员紧密配合，不分主次，解决了许多在基训课上长期难以解决的问题。然而，这毕竟是一门新课，至少在我们学院里是一门史无前例的课程，如何更好地完成不同类型人物的刻画；如何加强民族风格等问题还有待进一步解决。我们将认真研究大家的意见，并在中专二年级的试验课中予以改进。这门课程的建设是艰苦的，因此，我们衷心地希望舞蹈界的同行、前辈，共同关心这门课，帮助我们出主意、想办法，把这门新课搞得更好。

这届大专毕业班的指导、教学工作中，我们贯彻了院领导的意图。从学校的建设、发展的宏观角度出发，从培养教学后备军的战略意义着眼，把年轻教员放在教学第一线，老教员退居二线做指导教师，形成了一个从领导到教师、新的组织结构——一个老、中、青结合的教学体制。老教员那种不计个人得失，大力扶植青年教员的高尚风格，使我们很受感动；而青年教员勇挑重担，敢想敢干、勇于创新的精神和知难而进的好作风，使我们看到了舞蹈教育事业后继有人的光明前景，很受鼓舞。

通过这次公开课，也暴露出不少问题。在教学改革的同时，如何继承发扬我们民族传统艺术的特点；如何使我们的教材和剧目既具有时代精神，也保持浓郁的民族气息和特色；如何总结经验，使一些偶然出现的成绩能够成为今后教学的必然结果，等等，都是需要我们认真思考和研究的。

我们希望这堂公开课能起到抛砖引玉的作用，希望我们中国舞蹈教学园地能开出更多、更美的花朵。舞蹈教学改革的路，是一条艰难的路，但我们相信：只要脚踏实地，从一点一滴做起，实事办得多了，教学改革自然会见成果的。我们愿做更多的实事，哪怕只是微不足道的一点点。

（原载于《舞蹈》杂志 1986 年第 3 期）

重要的在于参与

——赛后漫谈"桃李杯"

潘志涛

我们对"桃李杯"有着特殊的感情，绝不仅因为我们是它的发起者。我们欣喜、兴奋，我们为"桃李杯"骄傲，是因为：每当比赛降下帷幕后，我们从它的结果中看到一批新人，看到一批优秀剧目，看到园丁们辛勤劳动的成果，同时也发现了问题，引起我们对未来更多的思考。当比赛场上的"硝烟"散去之后，当人们忘掉分数，冷静下来之后，那许许多多的回想、对比、总结，对推动中国舞蹈教育事业的发展是何等重要啊！

时隔三年，"桃李杯"从"邀请赛"变为全国艺术院校的大赛，25 个代表队，近 150 名选手汇集北京，说明我们事业的兴旺；一批青少年优秀选手竞争角逐、伯仲难分，展示了我们雄厚的实力。像任何比赛一样，"桃李杯"也有它的缺点和不足，但我们相信，"桃李杯"的凝聚力不会因此而减弱。在充分总结经验之后，下一届会比这一届办得更好，这是无疑的。

我们始终认为，"桃李杯"的首要问题是学术问题，比赛应为教学服务，应围绕着教学进行。把基本功训练纳入比赛，在舞蹈比赛中属首创，但却绝不是仅仅为了增加比赛的难度，它对日常教学所起到的推动作用是不可低估的。作为艺术院校的比赛，"桃李杯"有自己的个性和特色，失去为教学服务这个特色，也就失去了举办"桃李杯"的意义。若只为夺标、争名次而参加"桃李杯"，那还不能算是真正的参赛者。

如果说，第一届"桃李杯"在中国古典舞蹈方面进行了有益的探索，使古典舞蹈教学体系初见端倪的话，那么在第二届中，民间舞蹈作为独立的学科，确立了它在舞蹈教学中应有的地位。中国舞蹈教学，从无到有，至今也仅有不足四十年的历史，许多学术问题有待解决，距形成体系更有一段距离。

我们希望能通过一届又一届的"桃李杯",使"体系"日趋完整,但与此同时,我们也清醒地认识到,不可能奢望通过一两次比赛,求解决全部问题。两届"桃李杯"举办过了,在每届比赛结束后,我们都听到不少意见和建议,有些意见应当说是很尖锐的。但正因为有了这些意见,比赛才变得更有意义,这之中所反馈的信息,当说是"桃李杯"得到无价之宝。

举办第一届"桃李杯"邀请赛时,中国舞正处在十分不景气的阶段。振奋一下军心,也是当时的目的之一。三年后的今天,形势有所变化,但我们的事业需要更多的支持者,需要引起社会更多地关注这一点却没有变。要让人们喜爱中国舞,"了解"是首要的。"桃李杯"借助中央电视台及其他新闻媒介做广泛的宣传报道,其目的正在于此。与第一届相比,更多的企业家、社会活动家涉足"桃李杯",这不仅给"桃李杯"增加了活力,也增强了人们的信心。我们需要社会的支持,社会自然也需要我们作出贡献,就这一点而言,我们做得还很不够。剧目创作,便是问题之一。其实,在第二届"桃李杯"中设立的"优秀教学剧目创作奖",正是要通过比赛,解决一点剧目创作上的问题。说已经解决了,这不客观,但向前迈进了一步,应是肯定的。那些不尽如人意之处,迟早总会解决。现在仅仅是个开始,好戏还在后头。

"桃李杯"在把一批又一批的新人推上去的同时,更想到了使桃李成才的园丁们。就物质而言,教师们在"桃李杯"中的所得,微乎其微。但这些"老黄牛"哪曾计较过经济上的得失!他们需要表扬抑或赞赏吗?不!他们只知几十年如一日的勤奋工作。但"桃李杯"惦念着他们。在中国舞蹈的发展史上,应当记录下他们的功绩。

奥林匹克运动会有一句名言:"重要的是在于参与。"我们格外喜欢这句话,是因为我们尝到了"参与"的甜头。我们相信,参加"桃李杯"的选手会从"参与"中获益(尽管大部分没有拿到名次奖);参赛的院校,会从"参与"中有所得,那是因为我们参与的是一个大事业,这个事业,非你、我、他——我们,共同为之奋斗不可。

(原载于《舞蹈》杂志 1988 年第 5 期)

喝功夫茶的乡人

——谈对英歌的认识、整理、教学和发展

潘志涛

今天能参加广东省"首届英歌学术研讨会"，我心里感到很激动。首先我代表北京舞蹈学院所有同仁向大会表示祝贺，衷心感谢大会的主办单位，感谢普宁县的领导和潮汕人民给我们提供这样一个很好的学习机会。

对潮汕英歌的研究，我们和广东的同行们早在1953年就开始了。当年我校的曲浩老师和华南歌舞团的诸幼侠老师就来到了普宁采风，向农民们学习。从那时候起，我校陆续有近十位老师多次来潮汕地区学习英歌。当时有些老师看到这独具风格的民间英歌艺术激动得落下了眼泪，到今天因其他原因不能参加这次研讨会深感遗憾。

回顾过去的几十年，今天"首届英歌学术研讨会"的召开，充分地说明了英歌的研究和发展已从自然形态到了必然形态。这一过程的形成，本身就是一件很值得我们大家祝贺的事情是因为它有力地促进了民间艺术的发展，完全符合党的"四中全会"精神，体现了我们大家弘扬民间传统艺术的强烈意愿。就每个人来说，人生一辈子难得做上几件是首次的事情。现在我们把民间英歌首次提到了专门的学术研讨水平上来，这就是一个非常明智、具有远见卓识的创举。从这次会议看，有那么多的同志参加，有那么多的论文发表；县长、书记等地方领导同志谈起英歌都非常熟悉，非常内行，这也说明了英歌的发展已到了一个比较高的程度，达到了一定的水平，并具有广泛的、厚实的群众基础。

下面我想从几个方面谈谈对潮汕英歌的认识以及对民间舞蹈的整理、教学和发展的一些想法。

我第一次到普宁是1974年。初来潮汕，一切都很新鲜，穿的、住的、语

音、习惯等各方面都与北方大不一样。头一个印象就是样样都很精巧、细致。如房子，里外都很讲究，都配有精致的饰物；种地种得像花园一样，经过一番精心的安排，空间都得到充分地利用；吃的如牛肉丸子、鱼丸子都是用木棒敲打出来的，一个个浑圆又富有弹性；而最讲究的就是喝茶，先"巡城"，后"点兵"，烫壶烫杯还得多次反复进行，确实是功夫到了家。另外，语音既古朴又复杂，其音调就有 8 种之多，比我们常说的音调整整多了一倍。还有这里的人，无论男女老幼，都彬彬有礼，十分可爱，可谓古风犹存。那个时候正值"文革"将要结束，但英歌仍在"四旧"之列，我们只能偷偷地看。结果是在山上的一块砍掉橘子树的平地上打，约有十来个人，我看得非常激动，当时的表演虽然没有今天这样的面谱服饰，但同样显露出极强烈的英雄气概，体现出粗犷剽悍的性格气质。诸幼侠当场还说这绝不是四旧，因为没有一个地主能打得出这样的英歌，要是打了，第二天就爬不起床，因为只有强劳力才能打。

从那时起，潮汕人的语言、饮食，工艺制作的精致细腻和英歌的粗犷剽悍就交织在一起，给我留下了极为深刻的印象。以后，我又多次来到潮汕，逐渐地深入接触到更多的乡风民情和对英歌进一步的了解。我深深感到这里蕴涵着潮汕人民崇拜英雄，追求美的意愿。在英歌队里，第一个红胡子的是秦明或杨志，第二个黑胡子是李逵，排下去的都是水浒中的梁山好汉，一个个都画上威猛剽悍的脸谱，穿的都是紧身劲装，舞起来的动作虎虎生风，一场表演下来，甚至可敲坏几对英歌棒，这种力量确实非强劳力是不可能表现的。我认为英歌的渊源，除了现在流行的几种传说因素外，广大群众的审美意识，喜、恶、爱、憎的心理因素，也是不可忽略的一个方面。就这里的女孩子择夫婿来说吧，英歌队里的头槌、二槌都是她们的优先人选，甚至不须男方带彩礼，因为第一能成为头槌、二槌的，本身不仅说明了他是一个好劳力，而且其他方面都是出众的，第二他们的形象也就是她理想王国中的英雄。当然这可能不很准确，但这种对力量、对英雄崇拜的独特审美心态确实普遍地存在着，这同时也是英歌能长盛不衰的一个重要原因。我们可以比较一下其他的汉民族地区民间舞蹈。如东北秧歌，它有上下装之分，上装是女的，下装是男的，但下装的表演多是像小丑一样，对上装人或是逗，或是跟，其中只有头跷较为英武有力，而大部分下装基本都如此。比较美的则是在上装的身上，这也可能是东北乐观主义精神的一种表现形式吧。另外山东鼓子秧歌则是当地祭祀舞蹈，据我们现在的调查，它是《求雨》的一个部分。它的活动有一定的局限性，雨要是求不下来，或是不用求就下来了，那这个舞就不用跳了。相反英歌则不一样，它是表演英雄，歌颂英雄，反映的是人民群众对英雄美的追求和理想，那么只要这个地方有人，它就会世世代代流传下去。

另外，与其他汉民族民间舞相比，潮汕英歌有它独特之处。

其一，是纯粹的男子群体舞蹈。这种舞蹈表现形式，在汉族民间舞中比较少见，虽然鼓子秧歌也相近，但队伍里必须花、棒、鼓、伞并存才算完备，另外也没有像英歌这样鲜明突出的具体内容。在英歌舞中，队员们具有英雄的意识强烈，而且村里的姑娘们也通过表演具体地认识、喜欢他，甚至嫁给他，具有独特的社会价值。

其二，道具舞在中国古代舞蹈和现在流行的民间舞蹈中都很普遍，有用鼓、用伞、用扇、用棒、用灯等。英歌用的是棒，表面上看，它与其他道具舞都差不多。但深入地看，英歌的道具有着多种的用途，它是武术和舞蹈的有机综合，是有代表性的，两根英歌棒既是体育锻炼的器械，又是实用的武器，但同时又通过潇洒、灵活、漂亮生动的棒花使之高度地艺术化。这样就使它既有实用价值，又有美的价值，使得它更能为广大的人民群众所接受而又具有广泛性，使各行各业的人们得以普遍接受。因为很多的东西实用性不强就很难流传下来，比如古老的方角酒杯，喝起酒来很不方便，不好用，慢慢就被现在的酒杯取代了。而像筷子则因其便宜、卫生、好用就一直沿用至今。虽然这个比喻不是很恰当，但我想也有一定的道理。

其三，英歌发展至今，少说也有近两百年，今天能从一个自然状态转到必然状态，主要是新中国成立后发展演变的。早在新中国成立初期，我们的老一辈艺术工作者，如张小彰老师、诸幼侠老师、曲浩老师等，就开始挖掘整理民间舞蹈，把它从农村介绍到城市，从广东介绍到全国，甚至海外。特别是最近几年，发展就更快，几乎每年都有英歌活动的消息报道，影响非常之大。当年普宁代表广东到北京表演誉满京华；去年的"桃李杯"比赛，潮阳两英歌队应邀表演，再度轰动北京；最近又有一个队应邀参加成都的"蓉城之秋"，这些都是经过业余到专业，再从专业到业余这样一个过程，直到我们现在的学术研讨会，也是专业工作者和群众文艺家们共聚一堂，这是英歌发展的必然趋势，也是其他民间舞蹈发展的必然趋势。而且，英歌已经在全国范围内形成了一定的影响，这也是发展的必然。因为它的发展，反映了人民群众的心愿，体现了我们民族的传统文化的精华。我想明年北京的亚运会若要安排中国传统特色的艺术表演，恐怕也会考虑到潮汕英歌这一具有独特风格的南国民间舞蹈。

最后，结合英歌的研究，我想谈谈我们目前民间舞蹈如何发展的问题。

在过去的几十年中，我们的民间舞蹈似乎有所退化，我说退化可能有点危言耸听，但事实上观众现在确实不怎么喜欢我们表演的民族民间舞蹈。为什么？这里有种种原因，我自己来检讨的话，确实与我们专业工作者的工作没做好有极大的关系。在我们的训练中，长期以来都是以古典舞为主，民间舞只是一个副科，是作为一种辅助课程来上的。通过这几十年的实践，我们发现这样的处理是片面的，对中国舞的发展极为不利。因为在我国，实际上大量地、广泛地活跃在人民群众中的并不是古典舞，而是各民族的民间舞蹈。比如说英歌吧，它就非常广泛地流行于广东潮汕地区并深受广大人民群众的喜爱。全国除比较典型的汉、藏、蒙古、维吾尔、朝鲜这几大民族外，还有50多个民族，成千上万种各具特色的民间舞蹈，广泛地活跃在各民族、各地区人民中间，因此从整理、普及、提高、发展等各方面看，都不应该忽视，这是一大笔宝贵的、活生生的艺术财富。而过去在我们的队伍里却未有很好地、真正地重视它。

最近，北京舞蹈学院正式成立了民间舞系，在体制上把它作为一个学科建立起来。正式的建系工作是从前年开始，至今仍处于初创时期。但是对民间舞蹈的研究、整理，那是很早以前就开始了。像吴晓邦老师、戴爱莲先生，这些老一辈舞蹈家，他们开始进行新舞蹈研究时，最主要的是从民间舞开始。最早的北京舞蹈学校民间舞教研室是盛洁老师主持，我们这些人也就是从那时候起，陆续地在许淑媖、朱苹、陈春禄、李正涛、王连城等老一辈民间舞老师培养出来的，但现在看起来，我们身上所保留的民间舞蹈风格、韵味都大不如他们。就拿英歌来说吧，我们也学了，搞了那么多年，但始终没有一个像样的剧目能拿到舞台上与观众见面，敢说这就是英歌，至今仍赶不上50年代华南歌舞团的表演水平。可见，当年梁伦、倪路、诸幼侠等老同志做的工作是相当扎实的。而我们这些年来都没有很好地继承和发扬老一辈舞蹈家们的优良传统，在整理和发展工作中，没有深深地扎根在民间艺术这块肥沃的土地上，只是从芭蕾舞、现代舞中吸取某些技术手段，在表面上做文章。还有就是从主观出发，对民间传统艺术随意进行剪裁取舍，把一些自认为"不健康"的东西加以改造，如今天我们看到的英歌表演，也有的地勾脚、扣胸，其中别具风韵，但我们往往为了"健康"一点，昂头挺胸"啪"地这么一打，看起来很"帅"，但却味同嚼蜡，其中的韵味、精髓都随之荡然无存。

经过这么一个周折，反思过去，我们逐渐地改变了原来的做法，除上述的体制上给予落实外，在具体的做法中，我们想尽可能地先往广场艺术上靠。诸位代表不知有否注意到今年 9 月 15 日北京的第二届艺术节中我们学校的一个 40 分钟表演，这个节目反映了我们在探索民间舞教学和发展中的一些新的想法：要求我们的演员能在广场上不靠灯光布景、服装道具，仅靠身体动态呈现出来的韵味、性格、气质反映传统民间舞蹈艺术的精髓，它不仅能在舞台表演，也争取能在广场上表演。这里说来虽然很简单，但对我们来说，在审美情趣和角度上都是一个重大的变化。在这 40 分钟的节目里，我们只走了第一步，也可能不成功。但我们决心还要走第二、第三步，争取让它形成一个大型的集体舞蹈系列，我们相信会有一个新的结果。刚才杨美琦校长提出要到普宁来搞"试验田"，这一建议我十分赞赏。广东舞蹈学校能重新回到当年华南歌舞团的路子上来，深入人民群众中，到丰富多彩的民间艺术中吸取养分，充实我们的专业教学和舞台表演，我认为这是一条正确的道路。只有这样，才能使我们中华民族传统文化的精华得以弘扬光大。否则，我们的工作就是无源之水，无本之木，虚浮而又没有光泽。就像现在电视里常见的舞蹈，无非是大扇子、大裙子，再弄条纱巾或是其他什么东西，一个个大美人在舞台上飘来飘去。我认为这是没有生命力的，它无异于咖啡厅或酒吧里的东西。如果真要表现广大人民群众的喜怒哀乐，表现民族的精神，民族的性格、力量，就必须深入民间，向人民群众学习，在这一基础上进行提炼、创作，除此别无他路。

过去，我和杨美琦校长是同学，一起学习舞蹈，现在她可以继续搞她的现代舞。但我极力建议她应该拿出一半的精力来抓一下民间舞，不要把它丢掉了。因为这些东西积淀着我们中华民族几千年的传统文化，取其精华，去其糟粕，把它弘扬光大，是我们艺术工作者义不容辞的职责。同时在世界上，也只有这些东西才能代表我们中华民族，使我们能够站立在世界艺术之林。我自己已经是大半辈子搞了民间舞，剩下的岁月我还会继续搞民间舞，因为我觉得只有这样，才对得起江东父老，对得起我们的祖宗和后一代，无愧于我们的国家和民族。

（1989 年 10 月 30 日至 11 月 2 日）

写在"乡舞乡情"演出之后

潘志涛

　　从第二届"桃李杯"把中国民间舞列为比赛项目之日起，我便感到了一重压力。当时很多人都说：民间舞搞点节目还不容易！但一经深入，方才发现问题之多，难度之大，是始料不及的。总算还好，我们拿出了《残春》、《月牙五更》等几个还算像样的节目，并获了奖。然而，在欢喜之余，总觉得不满足，总觉得还缺点什么。缺什么呢？我常问自己：如果一台民间舞晚会，全部是像《残春》、《月牙五更》这样一种创作风格的剧目，这台晚会能站得住脚吗？回答是否定的。

　　思路至此开始变得清晰，或说是集中到民间舞是广场艺术这一点上。学院的领导也希望我们从这里开始做起。但是舞台毕竟不是广场，照搬显然行不通。广场艺术的炽热、红火自不待说，把这搬上舞台也还不算太难，难在"味道"——乡土乡情的质朴风格。尝试从"玩灯人"做起，索性来他个"土得掉渣儿"。但问题接踵而来，我们的弱点也一下子暴露出来：编导缺乏"土"的生活，学生们更是"洋味儿"十足，他们只会他们自己的一种美，只能传一种"情"，在第二届艺术节上，我们的《玩灯人》初搞一下子被来自安徽民间的《花鼓灯》比了下去。然而，我们并没有为此而灰心，结论是：我们的"土"必须有自己的风格，它应当是乡土乡情与学院风格二者结合的产物，而不能一味地为"土"而"土"。这也便是现在推出的"乡舞乡情晚会"的主导思想。也才有了《俺从黄河来》、《敖特尔风情》、《玩灯人》等一批剧目。

　　我个人认为，确立这样一个主导思想是十分重要的。学院的一切工作，应永远围绕教学进行，搞节目亦如此。通过这次舞台实践，使我们对教学有深刻的反思，最明显的一点表现在：我们发现许多原在课堂解决不了的问题，通过排练到演出的全过程，解决了。一个十分令人头痛的"课程无限膨胀"问题，在此似乎找到了突破点。这为我们寻找一个新的教学模式，奠定了基础，收获该说是很大的。

"乡舞乡情晚会"只能算是一次尝试，更准确地说是一个过渡阶段的产物。但无论如何有一点我们是不会改变的，那就是：要博众家之长，补己之短。民间舞剧目的编创，坐在办公室里是永远无法完成的，离开了乡土就没有民间舞，离开了乡情便失去了民间舞的灵魂。《蒙东河畔》的上演便是很好的一例。若没有湖南来的王小元老师，就没有这个节目，我们的能力、精力毕竟有限，舞蹈学院能有今天，还不是靠了全国舞蹈界的力量？我们民间舞新的发展，更是离不开"乡里"的"老少爷儿们"。

细思"乡舞乡情晚会"的每个剧目，发现不足之处甚多，编导有编导的问题，学生有学生的问题，好在开了个头儿。"万事开头难"，甭管这"头儿"开的有多少毛病，至少发现了"病"，接下去的事就是对症下药了。不过话要说在前头，只靠我们一家开药店可解决不了问题，还盼各路"神医"会诊，我们的感谢自不待细说。

"乡舞乡情晚会"的出台，承蒙各方支援，一并在这里说声多谢！有那么多人关心我们的事业，在我们系里有那么多得力的干将，想起孙龙奎、张继刚、诸玲、满运喜、游开文等一邦青年导演在出谋划策中是立了汗马功劳的。真使我感到快乐而激动。

有位"门外汉"评价"乡舞乡情晚会"是"土而不邪，俗而不庸。活泼中有深沉，清新又不寡淡"，这实在是过奖了。但这位"门外汉"的话，似为我们指明了一条路，那就来个"顺藤儿摸瓜"，也许会摸个"生瓜蛋子"？也无妨再摸呗！人类的文明不就是在摸索中不断前进和发展的吗？！

（原载于《舞蹈信息报》1990年）

元素教学

——从自然模仿到理性运用

潘志涛

俗话说"家家都有一本难念的经"，我们的这本经不好念，因为是要老经新念。五千年的文化传统可谓老矣，但舞院中国民间舞系仅建于四年前。新的系建立起来必得有新意，我们从哪儿着手呢？我们是在困惑中摸索的。

初建系时，我们招收一个四年制的本科教育专业。吕院长当时明确指出："应尽快找到民间舞的'自我'，要边教学边考虑结果，即在学生毕业时明确将来从事的民间舞就是这种类型的舞蹈。"于是，这便成了我们建系四年来的指导思想。

1984 年，首届民间舞教育系的大学生毕业，当时最重要的成果是在民间舞教学上出现了"元素训练法"。

接着在 1987 年这一届的教学中我们仍然延用"元素训练"的方法作为教材研究和教学的主要方法。

通过反复的教学实践，使我们进一步认识到"元素教学"是教材的提炼和教学方法上从自然模仿到理论运用的一个科研课题，是民间舞的继承和发展的一个渠道，可以使学生学到寻觅民间舞风格，然后再运用举一反三、触类旁通的原理，进行新的创造，且无论如何创造，都是这一个，而不是其他。这实际上也是中国一生二，二生三，三生万物，九九归一哲学思想的开拓和延伸。

那么，什么是民间舞的元素呢？许淑媖教授说："我们追寻动的原理，是希望抓住那能带动其他的'根元素'，捕捉'根元素'就意味着摆脱盲目性。'根元素'所发挥的无穷威力，即它的放射一直作用于：①提纯教材上的元素核心；②教学环节上的少而精；③教学质量上的准确无误，等等。"我以为，具体地讲就是从朴实无华的民间舞素材中，提取举一反三、触类旁通的，而又是形神兼备的艺术形象和动作姿势。如：山东鼓子秧歌的"稳、沉、抻"；胶州秧歌的"拧、扭、抻、蹑"；安徽花鼓灯的"蹦得起、刹得住，流动中的倾、拧、紧收、积蓄、突射"等，这些元素的提炼正是从这一地区舞蹈的动势、动态上，包括心态、情感上的科学提纯。

因而，"元素"就成了我们对民间舞风格把握的尺度，也便成了民间舞的规格或者说是规范。这样，民间舞的规格和规范，就不再仅仅是停留在手的位置在哪里，头的方向在何处，膝部弯曲的度数，脚背勾绷的程度等，而是归结在对这一个民间舞的内涵和外延及其宏观的审美高度上。

元素的提炼，无疑会带来教材编导者或教师个人的色彩，但民间舞本身就带有不同老艺人的个人色彩，加上课堂源于广场，也应是高于广场。教材的目的性最终还是培养舞台上的演员，因此舞台的需要就必然会影响到课堂教材上的选择和提炼，元素的提炼也就必然带着时代的印迹。今天的这一个，不是过去的翻版，也不能决定将来就是这一个。

记得在 1988 年，山东一位曾经参与 84 届教学探讨的山东秧歌专家看了这一届教育专业的课，他对当时的东北秧歌和山东秧歌的评价是："我认为你们在 84 届的基础上，向前迈进了一大步，因为我看到你们赋予了这些教材以新的形象和时代的生命力。"是的，这正是我们在元素提炼的认识基础上的追求，这样的追求使我们产生了这四年的具体成果。诸如从 1989 年第二届中国艺术节开幕式的"华风乡情"到 1990 年的《乡舞乡情》以及到今年出台的《献给俺爹娘》晚会的几次尝试，都包含了我们在这一思路上的艰难摸索和寻找民间舞"自我"的过程。但是，我想强调的是："这仅仅是我们的这一个，但它不是唯一的一个。"四年来，我们就认识了这么一点，也就做了这么一点。

（原载《舞蹈信息报》1991 年 8 月 1 日）

承前启后　继往开来

潘志涛

有一位名士说了这么一段话："凡是值得思考的事情，没有不是被人思考过的，我们必须做的只是试图重新加以思考而已。"

这里刊印的十来篇毕业论文和二三十篇毕业论文摘要，是本届（1991届）民间舞系教育专业学生在别人思考过的问题上，试图重新加以思考的一点结果。

中国民间舞系的建立也只仅仅四年而已。这一届大学生的学龄正好与民间舞系同龄，但民间舞学科的历史不是从这里揭开的第一页，早期的吴晓邦、戴爱莲等老一辈舞蹈家们，在新中国掀起的"新秧歌运动"且不说，进入到80年代，由李正一、许淑媖教授等一批老教员建立起来的教育系民间舞专业，已使民间舞专业学科有了一个比较扎实的基础，那时的中国历史上民舞专业的第一批31名大学本科生，也写出了31篇毕业论文来，可惜，因为种种原因至今未能刊印成册而就教于专家和同行们。但无论如何，那时所思考的问题，我们今天仍然在试图重新思考

这些其貌不扬被某些人视作业余状态的大学生们，他们究竟在思考些什么呢？

首先，我在他们的毕业论文里看到了四年的学习，在他们的胸怀中建立起来的事业心，以及由此而生的民族情感。几乎没有一篇文章不是针对自己终生将从事的专业有感而发的。充满了民族的自豪和自信。甚至不免有些夸大的地方。民间舞的作用和功能，与时下流行的故作深沉，满地打滚的装腔作势的激动痛苦状形成了鲜明的对照，更与前几年喧嚣一时的"一切西化"，论调格格不入。这正是各种演变中的再演变。大学生们的思想不能不变化，

关键是最终往哪儿变化。他们"以天下为己任"，思考的是中国；中国的民间舞；中国民间舞的教育。这样的"业余"不是比热衷于出国"深造"更在专业吗？

其次，我在他们的毕业论文里看到：他们不停止在前人思考了的问题，不满足于我们前人已做到的"专业性"的"高、精、尖"上，他们要去追求的是民间舞事业的完善，试图考虑前人还未思考成熟的一些问题。诸如：朱显峰的《论民间舞优化教学》，赵铁春的《论中国民间舞蹈教材设置的系统观》，周平的《对中国民间舞教学功能的再思考》，叶丹的《民间舞教学中的"内力提示"与"外力定型"》等等。其实，中国民间舞学科的建设还远不止这些问题。在教学上从附中过渡到大学，几十年的教学经验是有的，教学法也是有的，也出了书，但教学法中最基础的年级任务还不能确定，科学化和专业化的问题无疑会由此而受阻。这次的毕业论文能涉及此类问题，真是难能可贵的了。

最后，我在文章中可嗅到乳臭的味道，但亦不乏初生牛犊不怕虎的那点精神，敢于触及其实自己还不甚了解的一些问题。我知道他们从写提纲到最后定稿都必经了三五个回合，有的甚至七八次易稿，有了今天这点文字实属不易，我们的一些指导老师自嘲为"拔苗助长"也可见其中的一点苦心。目前的这些大学生确实是文化起点不高，尤其是文字表达的能力大大低于他们身体表达的能力，现在有了这点文字能力既说明了四年文化教育的成果，也更表达了他们自己在四年的学业中从课堂以外所得到的修养。

大学生们思考的这些东西，并不复杂，也不深奥，不过是在实践中引发出来的一些理性认识，他们所处的年代和环境促使他们有了今天这样的认识，民间舞学科的建设既是一个开端，也是一股承上启下的力量。对于试图重新加以思考的这些问题，老师们以及老老师们几十年都在摸索探寻中。诸如对元素教学的认识，近十年里，从提出到目前课堂教学的实践，以至到剧目创作的导向中，几乎都可看到不断摸索和探寻的痕迹。大学生们在教学实习及论文撰写中也是在"元素教学"的认识中进一步地加以思考和运用。

关于"元素教学"和"元素教学"在我们这几年的实践中究竟起了何种作用？我在今年5月份学院举行的毕业论文宣读会上讲了一长篇的话，没有比这番话更能说明我在这一个问题上的认识了，因此有必要摘录如下：

俗话说：家家都有一本难念的经。我们的这本经不好念，因为是要老经新念。五千年的文化传统可谓老矣，但舞院中国民间舞系仅建于四年前。新的系建立起来必得有新意，我们从哪儿着手呢？我们是在困惑中摸索的。

初建系时，我们招收了一个四年制的本科教育专业。吕艺生院长当时明确指出："应尽快找到民间舞的'自我'，要边教学边考虑结果，即在学生毕业时明确将来从事的民间舞就是这种类型的舞蹈"。于是，这便成了我们四年建系的指导思想。

1984年，首届民间舞教育系的大学生毕业，当时最重要的成果是在民间舞教学上出了"元素教学法"。

接着在1987年这一届的教学中我们仍然延用"元素训练"的方法作为教学研究和教学的主要方法。

通过反复的教学实践，使我们进一步认识到"元素教学"是教材的提炼和数学方法上从自然模仿到理性运用的一个科研课题，是民间舞的继承和发展的一个渠道，可以使学生学到寻觅民间舞风格，然后再运用举一反三，触类旁通的原理，进行新的创造，且无论如何创造，都是这一个，而不是其他。这实际上也是中国一生二，二生三，三生万物，九九归一哲学思想的开拓和延伸。

那么，什么是民间舞的元素呢？许淑媖教授说："我们追寻动的原理，是希望抓住那能带动其他的'根元素'，捕捉'根元素'就意味着摆脱盲目性。'根元素'所发挥的无穷威力，即它的放射一直作用于：①提纯教材上的元素核心；②教学环节上的少面精；③教学质量上的准确无误，等等"。我个人以为，具体地讲就是从朴实无华的民间舞素材中，提取举一反三，触类旁通的，而又是形神兼备的艺术形象和动作态势。如：山东鼓子秧歌的"稳，沉，抻"；胶州秧歌的"拧，扭，抻，辗"；安徽花鼓灯的"蹦得起，刹得住；流动中的倾拧；紧收，积蓄，突射"等，这些元素的提炼正是从这一地区舞蹈的动势、动态上，包括心态、情感上的科学提纯。

因而，"元素"就成了我们对民间舞风格把握的尺度，也便成了民间舞的规格或者说是规范，就不再是仅仅停留在手的位置在哪里，头的方向在何处，膝部弯曲的度数，脚背勾蹦的程度等等，而是归结在对这一个民间舞的内涵和外延及其宏观的审美高度上。

元素的提炼，无疑会带来教材编写者或教师个人的色彩。加上课堂源于广场，也应是高于广场，教材的目的性最终还是培养舞台上的演员，因此舞台的需要就必然会影响到课堂教材上的选择和提炼，元素的提炼也就必然带着时代的印迹。今天的这一个，又是过去的翻版，也不能决定将来就是这一个。

记得在 1988 年，山东一位曾经参与 84 届教学探讨的山东秧歌专家看了这一届教育专业的课，他对当时的东北秧歌和山东秧歌的评价是："我认为你们在 84 届的基础上，向前迈进了一大步，因为我看到你们赋予了这些教材的新的形象和时代的生命力"。确实，这正是我们在元素提炼的认识基础上的追求，这样的追求使我们产生了这四年的具体成果。诸如 1989 年第二届中国艺术节开幕式上的《华风乡情》到 1990 年的《乡舞乡情》以及到 1991 年出台的《献给俺爹娘》晚会的几次尝试，都包含了我们这一思路上的艰难摸索和寻找民间舞"自我"的过程。但是，我想强调的是："这仅仅是我们这一个，它不是唯一的一个"。四年来，我们就认识了这一点，也做了这么一点。

是的，我们的确也就认识了这么一点，实践的结果不仅在课堂的教学中可以看到，在这届毕业生的二台毕业晚会《乡舞乡情》和《献给俺爹娘》中亦可得以检验。尤其是《乡舞乡情》晚会，更集中、典型地表达了我们从教材的提炼和教学方法上从自然状态到理性认识中间的一个认识过程。1990 年 12 月底我们在上海演出《乡舞乡情》，这是我们学院的中国舞蹈晚会在上海作大型演出的首次。自玲同志以《好一台压轴戏》为题评述这台晚会，其中写道："在 12 月 24 日演出座谈会上，大家一致对北京舞蹈学院近年来在古典舞和民间舞教学上执行的一系列行之有效的方法表示钦佩，多数人对《乡舞乡情》节目编排不只单纯追求情绪，而重视内在情感和思维容量的开掘，很为欣赏，早年从事民间舞搜集，采风的舞蹈教育家朱苹、李群、杨威等反映这台晚会选用的民间舞素材精炼、语言生动、基本律动与生活原型呼应……"大家高度评价花鼓灯从广场进入剧场成为《玩灯人》是个很大的突破，真是智者乐水，仁者乐山，高山流水之外不乏知音者。

这些实践及至理性认识上的收获，便是我们这届毕业生写毕业论文的一个重要基础和思考的起点。

那么，我们对这次毕业论文划了多大的一个范围呢？不大，只三点要求：①在四年所学的范围之内；②一篇论文就一个主要论点阐述清楚；③主要围绕民间舞的教育问题来探讨。

他们是四年教育专业本科的学生，这三点要求对于他们来说我想应该是恰当的。为了使学生有一个具体的思考范围，也列了一个例题的单子给他们，摘录如下：

一、中国民间舞教材建设方面提示：

1. 关于元素教学的思考；

2. 年级任务的界定；

3. 对一个民族或地区民间舞教材训练价值的思考。

例题：

1. 试论鼓子秧歌的元素内涵；

2. 中专六年制民间舞专业的年级任务界定；

3. 试论维吾尔族舞蹈教材低、中、高班各阶段的训练原则规范；

4. 论体态在民间舞教学中的重要性；

5. 朝鲜舞呼吸在训练中的意义；

6. 论藏族舞的膝盖屈伸的训练等等。

二、中国民间舞教学法方面提示：

1. 对把握民间舞教材风格规范的思考；

2. 对把握教材规律的思考；

3. 如何运用民间舞课堂语言的思考；

4. 课堂训练与舞台表演之间关系的思考等等。

例题：

1. 论"规格即风格"在民间舞教学中的合理性；

2. 以藏族办开法儿为例试论中专与大学的不同教学方法；

3. 论民间舞课堂教与学的思维过程；

4. 论民间舞的教学语言对学生思维方法的影响；

5. 如何培养学生表现欲望和自娱性等等。

三、教育学等方面提示：

1. 中国民间舞学科在中国舞蹈艺术中的地位与作用；

2. 中国民间舞对各类演员的训练意义和作用；

3. 中国民间舞与中国古典舞的共性和个性；

4. 中国民间舞学科目前的知识结构状况分析；

5. 古典舞或芭蕾舞对民间舞演员的训练作用等等。

例题：

1. 试论中国民间舞演员的知识结构；

2. 试论中国民间舞体系的完整性；

3. 中国古典舞技术发力的方法与民间舞技术发力的关系；

4. 中国民间舞节奏课的设想；

5. 如何建立中国民间舞的基训课等等。

这是摘录的其中一部分，实际上指导教师在指导过程中，根据学生的不同情况和背景，有着更多的建议和引导。

这次毕业论文的撰写指导工作是由系里的四位老师担任的。吕艺生院长直接领导。面对四十二位毕业生，每位指导教师要负责十余位学生来切磋，探讨。都是再三再四之后定的稿，不敢贸然地一挥而就。贾美娜副教授和我在这个指导小组里算作资深教师了，可喜的是游开文、明文军二位青年讲师，是 1984 届民间舞专业的大学毕业生，七年之后，他俩在论文的指导工作中作出了令人欣慰的成绩。单是这次指导工作的计划方案，便是由明文军讲师草拟的，为这之后的工作铺了一条顺路。还值得一提的是我院社科部曾担任他们大学生理论课的于平和赵大鸣讲师，都各自作了数次辅导课，并担任了个别学生的指导工作。图书馆的李杰明老师作了图书索引的讲课并列了一长篇的参考书目。他们的指导和贡献无疑是至关重要的。这次论文集破纪录的如此快的刊印成册，全靠舞研所的徐尔充、冯双白等领导和专家的：支持和帮助。我们的事业就是获得这样热忱、诚恳的老师们的帮助而向前推进的。

四年来，我们在系内外，院内外共聘请了五十五位老师进课堂，共授了十二、三门专业主课和辅导课；十四门文史理论课；十门选修课；漂积约三百例教学组合，创作并排练了近四十个教学剧目。由如此众多的教师，如此丰富的课目及教学内容，相信毕业论文应当有现在这个结果了，尽管我们的起点低，尽管写成的文章还不够成熟，但令我们欣慰的是在前人的足迹上，我们又迈出了一步。

（原载于《北京舞蹈学院院报》1992 年第 2 期）

出访韩国

潘志涛

人的一生总有许多料想不到的事。就在 1992 年的 10 月底到 11 月初这一周之间，我居然以中国舞蹈家的身份随同贾作光老师等五人破天荒地访问了韩国六天，这是自韩国和中国建交后公派访问韩国的文艺团体里的第一个。能做第一次的机会实在不多，所以我感到很荣幸。

我这几十年的舞蹈生涯，可以说接触了不少的民间舞蹈，其中朝鲜舞接触的机会就更多了，由于舞蹈的缘分，就此认识了不少朝鲜人和朝鲜的事。1980 年我就曾随同中国舞蹈家代表团访问过朝鲜民主主义人民共和国，仅访问了 22 天，至今已有 12 年之久，朝鲜民主主义人民共和国的外事部门却还月月寄些刊物给我，12 年月月不断，朝鲜人做事的坚韧劲头可见一斑，加上电视中看到的韩国办的亚运会和奥运会，我对朝鲜人办的事确实有着几分敬意。

这回到韩国去，会是一种什么印象呢？虽然韩国近在咫尺，但毕竟有四五十年没有正式交往了。

一踏上韩国的土地，走出汉城机场的第一印象就是敞亮、干净、空气清新。与我同行的贺燕云，常常感叹：人真少！意思是说人少就好搞得干净点。汉城大概是处在一个丘陵地带，城里有不少山，却处处秀色可餐，正是金秋时节，黄的、红的、绿的就跟韩国民族服装似的色彩斑斓。

我们这一行人应该是五个人，却分了三批到的汉城，学院的三个人我、贺燕云、于小雪，因为手续办得利索，准时到达。贾作光老师晚了两天，民族歌舞团的李惠淑老师最惨，晚了 4 天之多，竟至于我们还有一天多的时间就要离开韩国，她才到达。她是我们的翻译，可想而知在语言的交流中，因为没有她，有了多少的遗憾。

韩国方面接待我们的是韩国著名的中青舞蹈家金梅子创办的"创舞艺术院"，这个创了一年的"创舞艺术院"新近落成了一座六层的艺术中心。为了庆祝"创舞艺术院"的开馆，办了为期二十多天的艺术节，邀请了世界上十个一流水平的艺术家和团体进行演出和讲学交流活动。

我们的演出安排在艺术节的第三天，第一天是开幕式，金梅子的"创舞艺术院"的舞蹈成员表演了由金梅子创作的《神明》。第二天韩国最著名的老艺术家们的表演，其中有82的第1号重要无形文化财（第一号国宝级艺术家）金千兴和第27号文化财李梅芳，看了这天的演出就可以大致的知道韩国舞蹈的传统和今天的创作情况了。把我们的演出放在第三天实际上是国外邀请演出的第一天，是金梅子对中国来的艺术家给予的重视和钟爱。

我们五个人当中只有三位是拿得出节目的，贾作光老师是《雁舞》和《鱼舞》，贺燕云是《敦煌百姿图》和《反弹琵琶》，于小雪是《残春》和《一个扭秧歌的人》，给我的任务是做一个三个小时的学术讲座。因是"第一次"，我们这每个人就格外有一种使命感。演出和讲演都在"创舞艺术院"的大楼里，演出是在底层的小剧场。其实称之为剧场的地方也只是一个排演厅大小的地方，座位是阶梯式的，而且是活动的，在演出的时候，推到墙里就是一个不小的排演厅，演出的时候座位推出来也仅能坐一二百人。我们的演出三场加起来也只一二百人左右，这倒不是说不欢迎我们的演出，而是对中国的舞蹈实在不了解，不知如何捧场好，对于贾作光老师和于小雪的节目，反响很大，听说贾老师已有七十高龄，对他的出色表演真是惊叹不已，评价贾老师创作的作品，说是看不出和90年代创作的作品有什么距离，贾老师最满意这番评论，他的心，他的艺术实践始终是最年轻的。于小雪跳的两个作品初看都说只有中国的演员才能演这样的作品，再看，不少人能看出其中的含义了，一直在我身旁的小宋翻译，对中国的知识都是书本上的，连看三场演出，前两场都是一言不发，出神地看，第三场她能说话了，她问我是否这一场于小雪演的最好，因为她所有的表情都看明白了。

我的演讲，也只是二三十人来听，不过都是对中国舞蹈十分有兴趣的人，原来我准备的是边放录像边讲，但韩国的电视和录像机都是N制的，而且清一色的国产货，像他们马路上比比皆是的大小汽车，也都是清一色的国产品，这使我由衷地生出一股钦佩之感，于是我原计划的讲学只好改成由我自己一边表演一边讲。我在黑板上画了一幅中国地图，从北到南，从东到西，尽我所知把中国民间舞的分布情况介绍给这些几乎一无所知的听众，再以贾老师和于小雪表演的节目为例，讲讲教学及创作的动态，当然，也不忘记介绍有四十几个大教室、世界最大的北京舞蹈学院。我想，面对这样一批与我们有着相当文化距离的听众，讲这些内容，以这样一种方式来讲，恐怕也只能如此"深入浅出"了。好在我是讲到哪儿表演到哪儿，除了亲切之外还有不少的功力在其中，所以三小时下来，倒也获得不小的成功。听完讲演，金梅子和一些专家拥上来祝贺，其中有一位还去搞了一捧花送给我。讲课几近30年，获如此厚待还是第一回。不少人跟我表示，一定要来中国看看，送花的这位就是准备明年要来中国考察的。

对于中国和中国舞蹈，韩国人的确了解得太少了，除金梅子一两位之外，与我们接触的舞蹈家都不知道现在的中国是一个什么样子。但，反过来说，我们对韩国又有多少了解呢？这次我们算是开了眼界，金梅子不仅给我们安排了近期舞蹈的创作观摩，也分别安排了老艺术家和中青年舞蹈家的表演并且还让我们去参观了国立的国乐院（相当于我们的中国歌剧舞剧院）舞蹈团的基训。可以说短短的几天，全面了解了韩国舞蹈的传统和现在，创作和教学，我的突出感觉是首先他们对传统的尊重，无论是人才还是实践都放在了极为重要的位置上，其次是创作。对传统，他们几乎是不加更动地完整保存，在这当中也有整理和发展的进程，但真正的创作他们是以现代观念和现代舞方法运用传统语言来进行的。在我看来无论怎样的新，仍然是韩国的舞蹈，因为最终的审美追求仍是万变不离其宗。韩国的舞蹈教学基本上是师傅带徒弟式的口传心授，代代如此，年年如此，创新不在课堂里，也不受政治和社会变革影响，因此，风格的稳定和多样化直接受课堂教学的传接，这和朝鲜民主主义人民共和国和我国延边舞蹈情况形成了鲜明的不同。

中韩建交之前，已有不少中国舞蹈家去韩国探寻朝鲜舞蹈之源，其中中央民族学院的青年教员申文龙就是一位，他在建交前去韩国留学一年，回国后在北京舞蹈学院作了较为系统的介绍，并且在大学和进修班里作了传授，目前还在继续进行着，可能明年大学要办一个朝鲜舞班，无疑，这对朝鲜舞的进一步发展会起到促进作用。还有一位著名的"养猪姑娘"许淑，是延边歌舞团的二级演员，目前在韩国留学，她在留学的过程中，不断的帮我们做两国之间交流的联系工作，相信，由这些先行者的不懈努力，朝鲜舞的发展会是令人鼓舞的。

访问仅仅六天时间，但日程安排紧凑而有序，金梅子教授及她丈夫一手办成这样成功的活动不禁让人起敬，外事、内事、艺术和行政上的事只10来个人，把一个国际性的大活动搞得如此有条不紊，换上我们来搞，几十人来参与，还会出现不少疏漏，这也是我在这次初访韩国的活动中最有感触的一点。

有了这次初访，我相信就会有接踵而来的二访、三访……衷心祝愿中韩舞蹈文化的交流进入到一个前所未有的繁荣中。

（原载于《舞蹈》杂志 1993 年第 1 期）

从袁莉得奖说"桃李杯"民间舞比赛

潘志涛

第三届"桃李杯"赛民间舞青年组的十佳选手之一是我院当时附中四年级的学生袁莉。一个附中四年级的学生，在与众多的十几年从舞的选手竞争中取胜了，该如何看待比赛呢？应该总结。

笔者认为，民间舞选手首先比的是民间舞的"素质"，说起来似乎明了，但"素质"二字包含的却不像体育竞技比赛那样，有那么明确的优胜劣汰之标准。综括起来，民间舞的素质大致由以下三个方面构成：

一、节奏性特征

节奏是舞蹈的动因，早在"歌咏之不足……舞之，蹈之"的远古时代，舞蹈的主要动因就已是节奏的物化态，无论是人声的呼号，还是瓦石的击节，都是浑然于舞，助于舞，激发于舞。就民间舞蹈演员来说，节奏的精确把握与体现，是把握风格的关键所在。记得苏联的世界级民间舞大师莫伊塞耶夫说过：民间舞训练的精粹，在于让舞蹈者轻易而准确地掌握风格。能体现出对风格掌握的轻易，准确者可谓民间舞素质之极。而能让舞者轻易、准确地掌握风格的过程则又肯定是不容易的。而这过程中最重要的就是对"节奏"的精确把握。

节奏：就广义而言，生命本身就充满着音乐节奏；具体而言是"音响运动的轻重缓急"。就舞蹈而言，它首先应该是"节拍"，然后是舞蹈的律动，进而笔者认为就是"这一个"舞蹈的生命核。

在民间舞教学中，我们常用"心理节奏"、"呼吸节奏"的术语，这二者是指什么呢？实际上心理节奏的指向，一方面是说对其具体节拍的感应，另一方面即是"这一个"舞之生命核的把握度，为何这样说呢？因为要表现风格。而要把握、表现风格的最关键一步是"心态"的体验。即你跳维族舞得有维族人的心态，跳山东鼓子秧歌得有山东大汉的心态体验。而心态体验得靠熏染，在课堂训练中最直接的熏染便是节奏的熏染。因而"这一个"舞蹈的心态体验过程即是心理节奏的把握过程。而"呼吸节奏"则是人体对这一个心理节奏把握后使动作构成这一个舞蹈律动体现的主要传导方法。通过它才赋予了"这一个"舞蹈律动、动作以生命。故此，笔者认为，舞蹈所指的节奏，广义上讲就是"这一个"舞的生命核。这样看，民间舞演员若要轻易、准确地掌握风格，体现风格的首要素质，自然是精确的节奏性。

二、调性特征

我们教材的训练意义很重要的一点是解决舞者身体的能动性，这一能动性主要表现在人体运动的协调性上。但就其"协调性"而言，一亦还有"内部技术协调""外部技术协调"及"内外部技术协调"之分。

所谓"内外技术协调"即是前文所指的心态体验之复杂的过程。所谓"外部技术协调"是说身体各部位运动中相互配合表现的技能。而"内外部技术协调"则是指由内到外的传导过程及完成物态的谐和性。因此，仅是单一的身体运动的协调性，是不能代表民间舞演员之协调性素质的，只有达到将三个协调高度统一于一身者，方才可能是准确掌握风格者。

三、技巧性特征

民间舞要不要技巧性的回答是肯定的，全面衡量一个民间舞演员的素质，肯定应该有技巧，这标志着外部技术协调性的一个高度，但什么算是中国民间舞的技巧，这个问题似乎问了许多年了，"蹦子"、"旋子"、"飞脚"、"串翻身"等几十年来已被其他名称舞种证实了的技术技巧能否继续列为中国民间舞的技巧中？至今也没有定义。笔者更不敢妄言。但民间舞肯定是有属于自己的技巧的，第三届桃李杯赛中，袁莉的东北秧歌技巧组合得了满分10

分。而这个技巧组合的编排上没有翻、转、腾、挪的高难度技术，有的却是将东北秧歌的道具运用到了一个高难度水准的"道具技巧"，而这些道具的运用方法则又肯定是民间的，是民间舞的。评委们之所以给了这个组合以满分，是因为它是技巧的舞，舞的技巧，而不仅仅是道具的耍弄，更不是杂技。故此，笔者认为，中国民间舞的技巧问题，应该作为课题来进行专门地讨探。

综上所述，中国民间舞蹈演员的素质是通过"风格"来显现的。亦即中国民间舞的比赛是民间舞选手通过"这一个"舞的风格来显示自己在民间舞方面所具有的实力的。若失去风格性的显现，就没有了民间舞的生命力，作为民间舞的选手亦就失去了其舞种特征，变得与其他舞种的比赛毫无二致了。

但是，每一个舞的风格构成不一样是众所周知的，风格之间不可能有等次之分，即所谓风格是不能相比的，如同蒙族舞的风格与傣族舞的风格不能比一样，这也应是被认同的真理。桃李杯民间舞比赛的第三轮，是以选手自己本地域的剧目来决赛的，每一选手都应是选择了自己最为熟悉的地域风格来展示自己在民间舞方面的素质。故此，桃李杯民间舞赛的最终结果应该是评选出进入了一个较高层次的民间舞文化圈中的选手群。从前三届比赛看"十佳"的称号，尚属科学亦合理。就其进入这一"圈"中本身，即是在民间舞素质方面的佼佼者，也就是莫伊耶塞夫所言的：轻易而准确地掌握风格者。

三届"桃赛"后，多有人问及，"×××何以得十佳?""×××何以才得十佳?"问者无心，听者有意，毕竟"桃李杯"设民间舞的舞种比赛本身是为了促进中国民间舞事业的繁荣，和在民间舞教学、创作上的不断提高，而不是为评说优劣、高低而设。"×××何以得千佳"的回答恰是因为这个选手能够轻易而准确地掌握风格。而何以才得十佳之间则应回答：她已在公认的一个高层次的民间舞文化圈中，又何有此问呢?

"桃李杯"赛的宗旨，为重在参与，重在过程。参与的过程，肯定是每一个参赛选手战胜自我的艰苦过程，难道这不足以吗?

（原载于《北京舞蹈学院学报》1993年第2期）

"七运会舞台美术座谈会"纪要（摘录）

潘志涛

唐满城（《爱我中华》上篇舞蹈总监、北京舞蹈学院教授）：

此次七运会开幕式大型文体表演《爱我中华》获得领导、观众的一致好评，究其原因是突出了"深"和"新"这两个字。"深"指的是展现了深厚的中华民族的文化内涵，人们看了由数千人组成的兵马俑阵、八卦图、围棋谱、书法狂草"龙"字，不得不惊叹我们民族文化的博大精深，看了再现敦煌洞窟壁画的"天富使乐"，也不能不赞叹中华民族的智慧和古代的文明。"新"指的是整个结构，如"浪潮"、"青春节奏"等均不带有任何政治口号或图解含义，是用大手笔、大写意，大流动的手法来体现的，因而使我们在惊叹中悟出含义，同时享受了美的陶冶。而这一切都是和采用了"大空间"的巨型立交桥作为背景这一大胆、独特的创举分不开的。"新"中包含了取消数十年不变的"翻板"，"新"中融汇了利用大型立体桥背景造成的流动感和时空变换，大型活动不再是几何式的方块，而是上下穿梭、左右翻腾，使人目不暇顾，在巨大的震撼中感受到时代的宏伟！

回想一年前，我们提出希望背景能建成"立体桥"式，但那仅仅是一种很空洞的设想，技术上能否实现？体育场中加这么一个"玩意"，领导和工体能否同意？建成后能承受多大的负荷？如果不能充分利用，是否会成为多余的累赘？……所以各场在排练中都把疑点和希望凝聚在这座桥究竟能否实现？"立体桥"成了大型表演成败的一个焦点！

非常庆幸，这座巨型表演背景——立体桥，在毕启亮同志的设计、绘图和监制下巍然屹立在我们面前了，它宏伟壮观，错落有致，精美绝伦，给表演创造了宽广的余地，桥上桥下有机的配合，使我们最初的梦想得以完美地实现。

记得在小时候，看到美国电影中百老汇大型歌舞中的布景那巨大宏伟的气势，辉煌的气魄曾使我既惊叹又羡慕，也曾梦想能否有一天在中国也来它一把，而且气势要超过好莱坞，今天这场"爱我中华"圆了我的梦，也为中国人露了脸！

如果有什么美中不足的话，那就是后期合成时间太仓促了，致使五颜六色的灯光和每场的特定内涵尚未达到最佳的配合。

潘志涛（《爱我中华》下篇舞蹈总监、北京舞蹈学院中国民间舞系主任、副教授）：

这次七运会开幕式的大型文体表演，观众及学术界给予了很高的评价，其中最成功的莫过于整体结构中对于《爱我中华》这一主题，在视觉环境的营造与表演艺术的完美结合上，总导演吕艺生先生在创作的初期就先确定了请舞美及音乐创作的同志与舞蹈编导一起同步进行设计。这一措施促使舞美、音乐以及舞蹈在统一的主题下有机地结合起来。

毕启亮先生就是在一开始设计的时候，同我们共同构思出这一座——也许是标志着舞美设计新里程碑的——桥。这座立交桥，不仅蕴含着历史上的对外联系同时也象征着我们现在的对外开放。但，真正实际的艺术功能却是在锅底状的体育场内突起了一座立体的舞台。这座大舞台给我们舞蹈编导太多的表演余地、太多的遐想空间、太多的灵感和激情：

这座桥让舞蹈编导在"遥远的火光"里，可以处理为火种从天边般远的地方引出"龙"字的出现，"遥远"的义生动而形象地显现在可观的视觉中。这座桥亦使"丝路欢歌"中的骆驼队从西到东，从东到西地行进在东西方文化和经验交流的"大桥"上。更使现代的"浪潮"从天而降，"君不见，黄河之水天上来，奔流到海不复回"，"青春的旋律"响彻寰宇，天上、地下连成一片。实在是壮哉！伟哉！

这座桥使我们从剧场的舞台上走了出来。往更大、更接近自然的天地中展演我们的艺术的想象力。舞美成为表演艺术中的主体出现，令人惊叹。

（原载《北京舞蹈学院学报》1994 年第 1 期）

在文化部跨世纪优秀人物表彰大会上的发言

潘志涛

首先，严格地讲，我不是张继刚的老师。我的意思是说。天才大都接受过一点教育，但是，他们毕竟不是教出来的。

其次作为舞蹈学院的一名教师，在今天这个令人兴奋的日子里，有义务来说几句，当然，是关于张继刚的。

一、关于个人与环境的关系

没有好的创作环境，不会有好的舞蹈编导及精品。北京舞蹈学院在这一点上历来比较清醒。我们的路子基本上是教学与创作相辅相成，互为因果，共同推进。我们有相当宽松的各级党政、业务领导，有多批诚恳的中外师资，有大量热情的学生可以充当演员及观众，还有自己的小剧场和必要的一点钱。在党和人民提供的这些条件下，我们有什么理由不出人才出作品呢！从成绩方面讲，是很多的。而其中能够一身而二任的杰出代表，就是张继刚，舞蹈学院每年有数十名至百名毕业生，可是七八年来像张继刚这样的只是凤毛麟角。同样的环境、同样的条件，为什么张继刚能够脱颖而出，一鸣惊人呢？答案只有一个，那就是他个人的努力。他珍惜并善于利用舞蹈学院的良好环境。所以，他成功了。我们的教育是有可取之处的。因为这种教育帮助、促进了张继刚的成功，但是也有很多不可取的地方，因为迄今没有出现第二个——深刻的张继刚。

二、关于民间舞艺术表现力

在中国民间舞的发展过程中，张继刚创作的舞蹈晚会《献给俺爹娘》具有划时代的意义。我之所以这样讲，原因就在于中国民间舞早已习惯于在自娱中维持肤浅和热闹，严重缺乏艺术表演所必不可少的细腻性与震颤感。如是，那民间舞与审美需求和高等艺术教育的关系又当如何呢？历史总会产生它需要的人物，就在张继刚的努力下，中国民间舞的艺术表现力得到了拓宽与掘进。张继刚的作品，达到穿透演员之心与观众之心的地步。看到《一个扭秧歌的人》等作品之后，大家终于明白了一个道理：民间舞的表现力原本是无限的。只是我们必须对这份遗产进行创造性的激活！而这一复兴活动的先锋，就是张继刚。

三、关于尊重个性

老话讲：天才就是勤奋。我认为还不够。就拿继刚来说吧。他是异常的勤奋，但同时又异常的讲求高质高效，其他如有生活、有悟性很谦逊，具有严肃的民族责任感等等，都是他的成因之一。所以，我特别要指出的是：张继刚给所有熟人与所有生人的最大印象是——有个性。

没有个性，谈不上艺术。

张继刚身上的种种优良品质，我认为都是以他独特的个性为基础，为出发点与加油站的。他心里是一团火。能要做前人没有做过的事情，他一定要做的同别人不一样，比任何人都好！他的个性决定了他的志气，他的节奏，风格与内在的精神。

话说到这，大家一定很想知道张继刚的个性是怎样形成的？对不起，我不知道。他来舞蹈学院的时候，我与他初次见面的时候，他就已经个性非凡了。

虽然，我知道的也特别想告诉大家的是：现在，我们的艺术教育工作中对"个性"的问题仍然不太重视，太不重视！很多很多的天才可能正在被我们这些老前辈或者中前辈新手窒息。我们总是规定学生这样，而不能那样，当学生们反感，又伤心于厌学现象。但是我们何曾认真思考过自己每天教的东西，到底有哪一点让学生们真正感兴趣？为什么我们不能给学生提供很多可以选择的学识和方式呢？

继刚与我在艺术上交过几次锋，他多数没听我的。幸好，我也没有权力制止他。因为实践证明，他是对的。

听电视上说，北京四中已经把培养学生的个性提高到教育方针的高度，我很高兴。我愿意在今后的日子里，将主要精力花在这方面的探索和研究上。我想，只有这样，才可能出现各种各样的张继刚。

最后，我要跟继刚说句非常重要的话，我想代表您所有的娘家人——也就是北京舞蹈学院——感谢全社会对您和您的艺术活动的关注与支持。对不起，还有一句：舞蹈学院——以你为荣。

（原载于《北京舞蹈学院学报》1994年第1期）

第四届"桃李杯"舞蹈比赛述评

潘志涛

唐代诗人白居易在《大林寺桃花》一诗中吟道:"人间四月芳菲尽,山寺桃花始盛开。长恨春归无寻处,不知转入此中来。"春天有寻处,却不在山寺之中,繁茂的桃李之花正盛开在北京的紫竹院。

第四届全国青少年"桃李杯"舞蹈比赛正是桃李怒放的时候。来自全国及海外的25所艺术院校近240名在校生和毕业生参加了这届空前规模的比赛。

比赛自8月1日始至8月5日止,仅5天的对间,有4个舞种(中国古典舞、中国民间舞、芭蕾舞、现代舞,在3个组别上进行了17场的比赛。分别在5个场地由5个评委组同时进行工作。这是历届比赛中从未有过的高效率。可见"桃李杯"舞蹈比赛一届比一届更兴盛、更旺达。

"桃李杯"每3年举行一次,今年,1994年迎来第四届,自1985年创办到今年第四届其中经历了9个年头。"桃李杯"由北京舞蹈学院主办升格为由文化部主办,北京舞蹈学院承办。这一性质的转变正说明了"桃李杯"比赛健康发展的趋势,充分得到了政府部门的肯定,使得由原来的7个艺术院校发起创办到今天有25所艺术院校参加。范围涉及全国以及加拿大、新加坡,中国台湾、香港等海内外选手都来踊跃参加。不能不说,由于政府文化主管部门的认可和指导,使这一项国家级的舞蹈比赛,在其高水准、高质量的基础上有了更深更广的影响和意义。

第四届"桃李杯"舞蹈比赛又恰逢今年"WUDAO 94"国际舞蹈院校舞蹈节和北京舞蹈学院建院40周年的纪念活动也在同一时进行,吸引了大批国内外的舞蹈界人士前来北京参加被誉为"1994年——中国舞蹈年"——的活动。第四届"桃李杯"舞蹈比赛在众多海外华人，国际友人及国内著名舞蹈界人士参与的氛围中进行，不仅是历届来最大的一次盛会，也是千载难逢的一次幸会。

此次比赛的准备工作，应该从去年夏天总结第三届"桃李杯"工作的研讨会开始算起。文化部教育司陶纯孝司长亲自抓章程的修改以及工作日程的安排。并专门指派了教学处王大羽等领导同志筹划并指导比赛的诸项工作的开展。比赛开始期间，文化部教育司蔺永钧副司长多次召集组委会、领队及评委会会议，强调比赛的意义和精神。蔺副司长多次提出："过去我国的舞蹈院校以培养实用性人才为主，现在我们要继续强调实用性人才的培养，同时也要注重创造使尖子脱颖而出的条件。""桃李杯比赛是检查教学，培养人才，锻炼整体队伍的大舞台，"陶司长、蔺副司长及王大羽等领导同志的直接参与和关怀使第四届"桃李杯"顺利和成功地进行得到了保障。部机关领导深入基层与各艺术院校密切合作是第四届"桃李杯"舞蹈比赛得以圆满成功的重要原因。

选手情况

此次比赛来自 25 所不同地域、不同性质的艺术院校，选拔近 240 名选手参加北京的复赛和决赛。各地、各院校都在此前举行了范围不等的初赛，依照章程规定，按名额限制向组委会推举参加复赛及决赛的选手。在初赛的选拔过程中，各单位进行得十分严肃认真。如解放军艺术学院召集了各大军区的歌舞团及毕业生中的优秀苗子到北京进行选拔，使进京参加复决赛的正式选手在质量上得到保证。山东省文化厅、山西省文化厅等地的文化主管部门也十分慎重而积极地召集了全省的艺术院校举行。省级的"小桃李杯"比赛，并邀请北京的专家学者作指导，是在真正的意义上的提高教学质量，精选优秀人才。北京舞蹈学院参赛的各系及附中更不敢懈怠，在半年多的时间里举行了不同范围的十数次选拔，在筛选的过程中不断地研讨和提高选手及参赛节目的质量。各院校狠抓选手质量的保证，促使第四届"桃李杯"舞蹈比赛整体素质上得到保证，也使"桃李杯"舞蹈比赛的宗旨："提高我国舞蹈专业的教学和表演水平，发现、鼓励优秀人才，繁荣舞蹈剧目创作，总结教学及创作经验。"在教学实践上得以贯彻，并深入到各院校师生的心里。

通过 4 个舞种（中国古典舞、中国民间舞、芭蕾舞，中国舞），9 个组别

（各舞种中分青年组、少年甲组、少年乙组）的 17 场比赛有 60 名选手获得奖牌。占参加复、决赛选手人数的 25%。如再加上初赛选拔的选手数，此比例数就更大了。获奖选手的所属院校涉及 10 所。可以说明参赛的面是很宽的，获奖的面也是很宽的。比以往几届获奖单位只集中在 7 所院校内的情况已有改善。

从参赛的层面上看，总计来京参赛的选手是 239 人，其中参加青年组只占 1/5 还弱，大量的选手是少年组的小苗苗，尤其是本届新增设的少年乙组，云集了各地的好苗子，说明各院校对基础教育的重视，但同时看到青年选手的人数少，反映了高年级和大学的教学上的薄弱，各院校的中专对 17 岁以下的少年是十分重视的，而且有相当的教学经验。生源也极充足，能在大量的初、中级教学班中精选出了一批人才和成果。而且不少少年选手已很接近于充任演员的重担，到了剧团即可使用。但是这一现象本质上还只是在实用性人才的培养上下工夫。对于"尖子人才的脱颖而出"方面还须有诸多方面的考虑。舞蹈事业的发展更需要培养大批的高精尖人才，重点和结果是在青年身上，因此涉及的教育和继续教育的终身教育的大问题是值得重视起来的。"桃李杯"比赛无疑使大批娃娃们脱颖而出，但我们要在娃娃们的基础上再提高一步，再拔高一个层面，我们应做些什么呢？

从选手在比赛竞技状况看，此届的上海舞蹈学校和解放军艺术学院以及山西省、山东省的各艺术学校的水准大有提高。上海和解艺在第三届"桃李杯"上都没有什么突出的选手，事过三年，当刮目相看，涌现出不少好苗子，在比赛中有相当好的表现，这两所学校不禁使人觉得颇有点卧薪尝胆的味道。而山西省、山东省两地的各艺术学校虽然在比赛名次上不尽如人意，但从整体实力上看，这两地的艺术学校在教学上有了长足的进步，潜力很大，谁能预料第五届"桃李杯"上是否当是他们的天下。

历届"桃李杯"比赛强手如云的北京舞蹈学院、中央民族大学、沈阳音乐学院附属舞蹈学校这次仍是实力雄厚，颇具竞技能力，执牛耳者还属这几所老院校。在芭蕾舞上，北京舞蹈学院在此次"桃李杯"比赛中选手的表现十分突出，大有囊括奖牌之势。民间舞青年组的队伍也十分齐整强劲。沈阳音乐学院附属舞蹈学校的古典舞选手和中央民族大学的民间舞选手也都有相当突出的尖子人才。

脱颖而出的尖子不乏其人，古典舞方面的孔岩、黄豆豆最引人注目，尤其是在决赛的节目表演上闪光点很高，以及张琦、刘云、刘震，崔继坤、叶波、丁月红，马聪等选手都具有很高的禀赋，而且基本功扎实，表现力也很强。民间舞方面的杨颖、江靖弋、宝尔基、姜美红等八佳选手光彩逼人，具有相当的代表性和典型性。从他们身上看到民族民间舞蹈演员队伍可望出现一批既有全面性又有个人特色的新型人才。芭蕾舞方面侯宏澜、苏鸿、于晓楠、尹乐、傅姝、李佳贝等选手出手不凡，都具大家风度，显然是日后参加国际芭蕾舞比赛的强劲后备力量。更可喜的是参加少年乙组的小娃娃们，这些 15 岁以下初次参加全国性比赛的初生牛犊，却有着虎虎生气，看到他们的茁壮成长亦即看到了舞蹈事业发展的未来。此外还值得一述的是来自海外的选手，他们分别从中国的香港、台湾以及新加坡和加拿大来京参加比赛，都是参加中国舞方面的比赛，他们的导师都是中国的老师、以往学习中国舞的海外学生几乎都是非职业性的，因此在水准上难以与国内的职业性学生匹敌，近年来国内的改革开放政策也使学习中国舞的海外学生大大的得到加强。从这次比赛中可以充分看到这一点，有相当比例的选手闯入决赛圈，可以预料不久的将来，海外的学生会比国内的学生不相上下。他们中的黄天茜（香港）、苏静文（台湾）、吴佳惠（加拿大）分别获得评委会奖。

选手获奖值得欣喜、庆贺，不获奖也同样值得鼓励，抚慰，如此盛大的交流活动只要参与了就是一分收获，不少选手从中找到了差距，找到了奋斗的目标。第四届"桃李杯"舞蹈比赛之后即在北戴河开了一个研讨会。会上肯定了此次比赛的成就，更多的找出了由选手身上发现的教学上的问题。尤其是失利的情况中寻找自身存在的不足处，这份收获比之获奖更值得欣喜。

剧（节）目创作情况

选手参加比赛，很重要的一环是所选的节目，这就涉及是节目的创作问题了。当然还包括比赛组合的编排和创作。这一块工作是历届"桃李杯"比赛参赛组织者们感到困难的大问题，但此次比赛，这一问题似有改善，单从参加剧（节）目奖的数量看，报组委会的各舞种比赛的节目近 200 个，最后从录像带及参赛选手比赛的节目中评选出优秀剧（节）目芭蕾舞 6 个；中国民间舞 10 个；中国古典舞 7 个；现代舞佳作奖 4 个，总计是 27 个，另外获剧（节）目奖的 32 个，这一数字还不能反映出更大数量上的组合的编排和创作，从数量上表明了舞蹈教育界的创作队伍扩大了，相对的看，创作的质量也大大提高了，我们可以从《哪吒闹海》、《醉鼓》、《马背》、《苗女》、《瞬间》、《记忆》、《秋水伊人》、《同窗》等获优秀创作奖的节目中知道这些节目都是艺术院校的老师和毕业生编创的，节目不仅适于艺术院校的学生们的艺术实践，而且有相当高的艺术观赏性。亦即不仅具有学术意义，也同时具有艺术价值。节目在创作过程中的精品意识很强。《哪吒闹海》、《醉鼓》等节目在题材的开掘上也颇具匠心，艺术手段的运用上又十分别致，使观众留下印象，再加上《大师寻小师妹》、《喜儿》、《追赶太阳的人》、《鼓妹子》、《剑袖印象》等节目看似传统的题材，却有着别样的处理、耐人寻味，通过"桃李杯"比赛，大批新节目的涌现。为教学中的艺术实践拓宽了道路，更有的是近年来院校的创作，左右了社会的创作。院校的创作在社会上有着举足轻重的分量。诸如七运会开幕式上的《爱我中华》，前年创作的《黄河》、《献给俺爹娘》等等都在社会上产生深刻的影响。以至近年来的各艺术团体都竞相演出院校创作的节目。各剧场的演出及电视台制作的节目由院校承接的任务越来越重，艺术院校与社会的接轨越来越紧密了。这一氛围的建立使艺术院校的向心作用得以强化，无怪乎"桃李杯"比赛在节目创作这一环上得到改善，创作队伍有相当程度的扩大的和提高。

相比之下，第四届"桃李杯"舞蹈比赛的中国古典舞，芭蕾舞以及现代舞方面要较以往历届的创作上有更突出、更显明的进步。在本来看似薄弱的环节上，现在成了强项。而中国民间舞方面以往是强项的创作上，本届表现平平，决赛中不少选手所选的节目集中在蒙古族和山东地区的题材，偌大一个中国、洋洋 56 个民族竟只限内蒙和山东两地可供创作，不免太单调了一点，究其原因是创作思路太狭窄，中国民间舞来自中国的民间，不下民间，不从民间吸收新鲜养料，关在教室里创作，难以走出狭窄、空洞的魔圈。从另一方面讲，民间舞的特性应是更具题材各异、风格个别的本质，而比赛的本质却是在规范性，统一性上进行类似的，竞技的意识随着比赛的深入而深入，于是技术、技能的要求也跟着愈来愈强化。就此民间舞在"桃李杯"的节目创作中难免陷入技术、技能的困境里，而忽略了或者说必须割舍对艺术本质上的追求。因此，类似民间舞、现代舞方面的比赛如何进行的问题，将是下了届"桃李杯"比赛应该研究的课题。

比赛组织情况

第四届"桃李杯"舞蹈比赛已圆满结束，今天来评点她的得失，组织工作上的成功是其重要的一部分，由文化部主办，具体工作是教育司的领导及干部参与指导和策划的，筹备期间陶纯孝司长、王大羽等同志从参加研讨会到章程修改以至下发通知，上下疏通等等工作事无巨细，在策划中有协调，做得十分艰苦。与承办单位——北京舞蹈学院配合却是相当的紧密，承办的北京舞蹈学院做这项工作的具体同志几乎都是三大活动——国际舞蹈院校舞蹈节、北京舞蹈学院四十周年校庆及第四届全国青少年"桃李杯"舞蹈比赛中的工作班子成员。身兼教职而又要有条不紊地做比赛的筹备工作，确实更艰苦。这个工作班子里的熊家泰副院长、曹锦荣校长、明文军老师都是首次做执行委员会的工作，却也是不拘陈规，开创出一个新的局面，面对资金困难、工作程序上时时出现障碍这些问题上十分耐心地逐一解决，从比赛开始直至圆满结束，实在功不可没。

组织工作上如此复杂的，烦琐的事务不仅仅是几个人能成就的，被参赛单位的理解和积极参与才是成功的根本保证。

第四届"桃李杯"比赛的规模比历届都大些，仅从购票的观众数可以计算出大约有近9000人次是购票观摩的，18场比赛平均每场有500人买票观看，另外起码有一倍以上的观众是非持票进场观摩的。从最低限度计算约20000人次观摩了本届比赛大概不会是过分的，而参赛的选手是239人，每位选手的背后是三位指导教师（报名单上的限额），每位选手又是从一批学生中精选出来的。直接地和非直接地参与"桃李杯"盛会又不下数千人，使"桃李杯"组织工作非同一般的复杂、艰难，但面对如此众多的参与、关心，执委会要做好各项工作也是势在必行的了。

"桃李杯"还会继续进行下去，还会由此推动舞蹈教育往更高层次上发展。北京舞蹈学院已经从主办到承办连续做了四届，做了大量的开创性工作，在舞蹈教育史上应该纪录下这一笔。但为了使"桃李杯"更具普通意义，使"桃李杯"在新的形势下有新的面貌出现，下一届"桃李杯"的进行应该移地举行，由地方上的各舞蹈院校轮流承办。希望开创出一个新局面，在比赛的内容，形式及至资金的筹集方面等等方面都有一个全新的面貌。

我们预祝"桃李杯"越办越好，正如《韩诗外传》有云："夫春树桃李者，夏得荫其下……"

（原载于《北京舞蹈学院学报》1994 年第 2 期）

赛后评点

潘志涛

三月初笔者参加了第三届全国舞蹈比赛的初选评委工作，在 6 天的时间里看了 30 多个小时的录像带，约计两三百个节目，有一二百个演员参与。文化部下文时间并不长，准备的时间应该说并不充分，却居然有了这样大的规模，可以说是一个世界之最的纪录了。

此次又以观摩的身份到广州参加复赛和决赛，事隔一个多月的时间，由十几台节目纷呈的舞蹈界繁荣景象，更令人欢欣鼓舞，不仅人才济济，也看到了创作上的突飞猛进，尤其是一些探索性的节目，虽不尽如人意的地方很多，但新的、强劲的创作势头已形成，这是非常使人振奋的。

从第二届全国舞蹈比赛到今天已有九年的时间，理应有更大的突破和提高。可惜，因为各种原因，尤其决策和组织工作上的失调，可圈可点之处却是比比皆是。这一部分问题，相信自会由有关部门去评述，笔者有兴趣的是评述民间舞方面的创作和演员情况。

入围决赛圈的十名演员中有六名是院校单位的选手，其余的四名也不少是刚从学校门出来的演员。评委们虽然观点不尽一致，水平也各有高低，但对于舞蹈院校培养的人才却是一律的肯定，这是值得钦佩的。其实，成熟的演员当是 30 岁左右的、有丰富演出经验的艺员。现在优秀的新星们担当大梁，似有山中无老虎之感。近年来，舞界熟悉的于晓雪、姜铁红分获金、银奖也是大家预料中的，于晓雪对于把握角色及舞蹈内在韵律的运用方面可以说达到炉火纯青的程度。但这次比赛没拿出新的作品，不能激起同行们对于他的新认识。同样，姜铁红也有类似的情况，虽在决赛中有一新的作品的表演，但与他熟练的作品无大拓展的。

值得特书一笔的是像陆峻、林炜、宝尔基、斯日·基德玛、金美红以及并没有入围却极精彩的袁莉、苏雪冰、汪洋这样一批新进的演员，光彩照人，激人上进。袁莉、苏雪洋、汪洋这样引人注目的选手未能进入决赛圈，究其原因，笔者认为是评委对当前民间舞发展趋势上的误导。评委们把这难得的位置让给了旁腿抬成弓状的人或是不知民间舞为何物的人。

民间舞由自娱娱人的方式进入到今天的舞台表演，职业舞蹈工作者使其在民俗和民族的特性方面通过人体来表现其文化特征，表现的载体是经过了严格训练的具有鲜明民间文化特征的身体，鉴别民间舞演员的优劣自当是能否完美体现民间舞"这一个"的程度上，而非套用似是而非的民间舞的几个动作，其实跳的是芭蕾舞或是古典舞基训的一套，却引来评委们的青睐。

及至节目的创作，笔者也认为须有一个标准才能鉴定一个作品的高低。尽管民间舞由于地域，历史、人文等诸方面的不同会产生不同的审美标准，但既然放在一个比赛中就应有一个相对统一的共同取向。笔者认为这一取向应该是：越是与民间舞贴切的，越是好作品。笔者用"贴切"这一字眼儿，是因为舞台上表演的民间舞不可能是完完全全的民间舞，它必然是个人创作的；经过加工、整理，发展、升华了的民间舞；它不是民间舞的原生态，贴切的创作才是民间舞节目创作的"这一个"。以此为取向，笔者认为这次评选出的十个作品中荣获一等奖、二等奖的《牧歌》、《远山的孩子》、《蔗林深处》被评委们认为最好的却不能算是最好的。它们虽然都是不错的作品，但绝不能算作最好的民间舞作品。原因很简单，她们在民间舞上不是最贴切的创作。《牧歌》是很优美的节目，像一首很美的歌，剧场的效果也非常好，但不是蒙古族人唱的"牧歌"，首先在舞蹈语汇上是杂乱的，既有芭蕾舞也有古典舞基训的明显痕迹，故此，演员表演的形象不能是蒙古族的牧人形象，是编导在北京的排练厅里臆造的非"民间"的人物；而《远山的孩子》确实是很好的作品，有好的内容，塑造的形象也生动而贴切生活，只是不应作为很好的民间舞蹈的作品，以舞蹈形象而言是很弱的，也许这个题材用电影、电视来体现会更感人，舞蹈的特征在这样的题材中能有什么可突出的呢？《蔗林深处》也（上接第一版）邢志汶等。广东省副省长李兰芳在开幕式上致欢迎词，文化部副部长陈昌本致开幕词，整个大赛为期 7 天，在全体工作人员与评委的辛勤努力下，比赛于 5 月 9 日晚拉下帷幕圆满结束。

　　本次大赛由于筹备时间准备仓促，在组织方法上存在着一些不同的意见，组委会及时召开了座谈会，听取了不同的意见，但愿今后的大赛能有更充足的准备时间和更科学、更周密的组织方法，来推动舞蹈事业的深入发展。有同样的问题，虽然生活气息浓郁，且有可贵的幽默之处，塑造的人物也肯定是"民间"的，但是缺舞蹈，缺鲜明的民间舞蹈特征，所以笔者认为这不能算作"最好"的民间舞创作。笔者认为：比较而言《心弦》、《心之翼》、《姑娘的披毡》、《马背》更具贴切的意义，它们是民间舞的"这一个"，是任何其他舞种、其他艺术形式不能替代的。《心弦》似更具有好的民间舞作品的品格。笔者想特别提一下万素创作的《扇妞》，作品和演员苏雪冰都遗憾地被排斥在决赛圈之外，而笔者恰恰认为这是一个真正的舞蹈；一个民间舞的创作作品，演员更准确地体现了作品的审美品格。也许这是一些人不屑注意的，中国民间舞专业的提高和发展必会经过这类节目和演员的探索过程。万素的《新衣服、旧衣服》以及演员袁莉的表演都应视作民间舞专业化中的前进。可以说，她们的影响力仅仅限在了观摩的人群中了。

　　比赛不是目的，重在参与，重在参与过程中的鉴赏能力的提高，以利我们今后在实践中辨别和选择。由于比赛所产生的导向效应是不可忽视的现实，往往评委的评选会影响一个时期的舞蹈发展趋向，这次舞蹈比赛所出现的部分误导现象，责任并不在评委身上，十数位评委来自各舞种、各单位、各年龄层面、各文化背景，他们所评出的结果貌似公平，其实容易形成行政上的平衡而已，对于专业上的权威和导向是有害无益的，就如"奥斯卡奖"必由电影界的权威来评出，而非文化领导机构指定的"群众性"评委来进行的。如果我们要按艺术发展的规律来办事，相信"误导"的情况就会减少到最低程度，这一点是具体操作的同志吸取的教训。

（原载于《舞蹈信息报》1995 年第 5 期）

第五届"桃李杯"体会三则

潘志涛

　　第五届"桃李杯"比赛胜利落下帷幕，留下的喜悦和遗憾是一样的多。大赛中激烈、亢奋、纷乱杂沓的场面已成过去，赛后的这一个多月来还似乎仍处在惊心动魄的情境里，惊魂不散，余悸未消，总还有什么地方好像没顾上，有什么话没说透彻……是时候了，应该坐下来，冷静下来，思考一下喜悦和遗憾里的方方面面。

　　岁岁重阳，今又重阳，战地黄花分外香。

　　借用这几句词的意思是，每届"桃李杯"都有一些新的面貌和气象出现。这一届下来似乎更令人振奋和意犹未尽。印象最深的却还是第一届，那是"十年动乱"之后，艺术教育百废待兴，北京舞蹈学院刚刚毕业了一班中国历史上的第一批舞蹈本科大学生。而对于中国舞蹈教育的走向，及其体系的建设等方面还在游移不定，此时在教育系和表演系合并的基础上新建了一个很大摊子的中国舞系，中国舞应定位在哪儿就成了当时学科建设的焦点问题，专家们各有主张，专业教师们人心涣散。"桃李杯"由此应运而生，大概是适时的。全国的舞蹈院校也大都在亦步亦趋之中。第一届"桃李杯"主张古典舞与民间舞并举，课堂教学与节目创作并重；期望通过比赛的形式，认同一个基本的中国舞审美范畴。十几年来的实践证明，这一主张和由此产生的一系列做法，比开一个会、下一个文件都行之有效。在"桃李杯"之前谁也不能给大家一个答案，谁也不能提出一个明确的中国舞走向的计划和方案，而是通过各院校的参与、思考、探索、总结；通过李恒达、刘敏、王明珠、杨海燕、王玉兰、官明军、康绍辉、沈培艺等青年新秀的出现，以及《新婚别》、《金山战鼓》、《昭君出塞》、《帕米尔歌声》、《骄子》等新作的呈现，在无数不同的喜悦和遗憾之中，我们知道了这以后应该做些什么。这就比较符合了"实践—认识，再实践—再认识，以至永远"的认识过程。每届都如此。十几年之后的今天，我们可以有信心地说，我们有了自己的一个训练体系。这是一个大喜悦，但遗憾仍然存在。

第五届"桃李杯"在1995年底已开始进行筹备工作，到1997年7月开幕，足足准备了一年半多的时间。当中最重要的是开了两次研讨会。文化部教育司的同志十分重视研讨会的召开，白云山会议和珠海会议都委派了领导同志亲临现场。与会的专家也十分认真地总结了前四届的经验，提出了不少宝贵的建议。这些对于第五届章程的修订无疑起到至关重要的作用。为解决片面重视技术技巧训练而忽略培养艺术表现力的倾向，以及教师满堂灌，少给学生个人思维和创造的空间；偏重课堂训练，缺少舞台实践等等问题，专家们认为在比赛中的导向直接影响教学的各个环节。因此，在比赛的内容、顺序、评分等方面都须作必要的修正。我们采纳了比赛项目增加一项"音乐即兴"，以及比赛顺序上把节目调整到组合和课堂训练的前面。这两条是最重要的改进。李正一教授给了最有力的支持和指导；教育司也给予了具体的、完善的指示。

我个人认为，第五届"桃李杯"因为这两项措施，在习惯的做法上投下一颗激起教学改革思考涟漪的石子。

国家教委主任朱开轩同志在1997年9月2日关于《全面贯彻教育方针，积极推进素质教育》的讲话中提到目前教育中"应试教育"的观念，是影响"素质教育"人才培养的主要问题。我认为艺术教育在这中间的表现形式是我们培养的学生，能否在艺术作品里表现出艺术个性，激情地表达出思想内涵和艺术的魅力，能否真诚地通过艺术作品与观众进行沟通；还是仅仅能够熟练地抬腿、下腰、旋转、弹跳，完全不顾艺术作品，不顾观众反映，任凭技术和技巧在舞台上泛滥。一句话是培养匠人还是培养艺术家这个问题。

"桃李杯"比赛，在加强学生舞台实践，及早发现人才，推进人才培养的方面是起到积极作用的，也由此对各院校的教学起到推动作用，我们可以从各校选拔出来的学生中，以及创作的教学节目中推测到各校全面教学工作的概况。这届上海舞校、广东舞校和四川舞校的选手与节目，从整体上讲给大家留下了较为突出的印象。同时，我们也了解到这几所学校在全面教学工作上的进展情况。取得这些进步并不是偶然的，而是各方面素质的综合反映。学生学习积极性的调动，学习主动性的培养，也不会是号召一下，采取些个别措施就可以解决问题的。

"音乐即兴"这一项目的加入，以及对于教学节目的空前重视，也就不是孤立的，灵机一动的念头所致。其中的目的应该是提高学生自主学习能力，自主发展创造的能力，是基于全面提高学生的基本素质考虑的措施。遗憾的是，这一问题在研讨会上未有全面的展开。但是随着党的十五大的胜利召开，江泽民同志的报告在文化工作这一节中强调全民素质提高的问题，使我们更清楚《中共中央关于教育体制改革的决定》所指出的："在整个教育体制改革的过程中，必须牢牢记住改革的根本目的是提高民族素质，多出人才，出好人才。"

对于这一问题的深入，相信会在世纪之交的 2000 年，上海举行第六届"桃李杯"舞蹈比赛时得到更为广泛的重视。

第五届"桃李杯"舞蹈比赛获得成功，比前几届有新的面貌和气象，我认为首先是文化部教育司有魄力、有前瞻的眼光，敢于把这一届承办的重任交给地方的院校来承办，充分发挥地方院校的积极性，使地方上对艺术教育有了明显的提高和重视。我们可以清楚地看到这一届所展示的成果，各地院校间的差距在缩小。各院校所提供的成果和经验更为生动，更具有活力。再则，本届推出的青年组黄豆豆、阎红霞，少年乙组的吴佳琦、董兴华等优秀选手是令人佩服的，可以毫无愧色地说，这是当今舞蹈教育的水准。同时也可以预见舞蹈事业跨世纪发展后继有望。更令人可喜的是涌现了一批优秀的教学节目：《姜姜长亭》、《漫漫草地》、《旦角》、《秦俑魂》、《西楚悲歌》以及民间舞的创作节目：《卓玛·卓玛》、《家长里短》、《巴》、《韵》、《祈福》等等。这些优秀选手和优秀节目都有力地证明了第五届"桃李杯"舞蹈比赛呈现的教学成果。在历届"桃李杯"经验的基础上，又有了新的突破，十分令人鼓舞。

当然，竞赛也可能带来负面影响。例如在输赢问题上会过分计较，以至忽略了比赛本来的目的和意义。比赛成绩不如自己的意，便怨天尤人，甚至大会还未结束便拂袖而去。这是真正的遗憾了。但是又有另外的一种对待方式是积极的、令人赞赏的。北京舞院中国民间舞系参加的选手和节目都十分令人瞩目。比赛的成绩却差强人意,他们也感到沮丧。但他们仍不失在公众中的形象,认真而坦然地总结着经验,与大家交换着不同的看法,我相信他们的将来会令人刮目相看的。还有广东舞校的十来名少年乙组的女选手,无一在奖牌榜上有名,但在颁奖晚会上,还能神采奕奕地端着奖牌向得奖选手作奉献,不禁使人对他们的雍容大度以及对他们背后的教师肃然起敬:比赛虽然是一次专业性很强的活动,但也可以是一次进行思想教育、德育教育难得的好机会。奖牌只是表示过去了的一个方面的成绩,而我们的学生将要面对的是整个的未来。德育教育在不当中更不应忽视。目前教育界关注的以面向全体学生,全面提高学生基本素质为根本目的的素质教育,更为重视的就是上述这些问题。寄希望于第六届"桃李杯",我们会有更多更好的建议来解决这些问题。

快马加鞭未下鞍,惊回首,离天三尺三。

广东舞蹈学校承办这届"桃李杯",取得前所未有的成绩,更获得了前所未有的经验,使全校师生为之振奋,激发空前高涨的教学热情。这是从全国几十所的舞蹈院校汇集在广州,以他们展示的教学成果对比自己的差距中所获取的感受。承办"桃李杯"比赛,既有身负重任的压力,又有接受挑战的激动心情,这种感受难得而又宝贵。

首先是抓思想动员,统一认识,增强信心。使全校师生明确承办"桃李杯"、参与"桃李杯"的真正目的,在于促进学校各项工作的提高和改进。

广东舞校是先从创建省"文明校园"开始做起的。半年多的努力之后,以名列前茅的分数取得省普通中专"文明校园"的称号。学校在美化、净化、绿化的工作中同时净化了师生的心灵,继而又展开了申办省部级重点中专的评估工作。经过一年多的奋斗之后,又以91.15分的成绩,获得专家评估组的肯定。在改造学校软、硬件设备,以达到指标体系里63个项目分值的过程中,全校师生自身的精神面貌也随之焕然一新,学校的各项工作在规范中提高了认识,提高了效率。

在此基础上"桃李杯"的准备工作也同时紧锣密鼓地展开了。专业科率先从各班的基本功课进行一次展示性的竞赛活动着手,掀起重视基本功训练的热潮。在全校都来参与的氛围中,组织了中青年教师创编教学节目,并动员省内外关心舞蹈教育的专家、编导参加学校艺委会,共同商讨改进学校教学的对策。也聘请校外和省外的专家、编导示范教学，编创节目。南京的梁淑芳老师，北京舞院的罗亚萍老师，广东现代舞团的杨美琦团长，高成明副团长，以及刘琦、梁群、高坡等青年编导都对学校的教学和节目创作起到至关重要的推进作用。以致他们成为广东舞校不可缺少的一部分。

　　正式进入"桃李杯"状态，可以从1996年暑假算起，广东舞蹈学校在文化厅的支持下，组织了省内的预选赛，省内几乎所有的舞蹈院校、专业团体都选派了选手参加。看来好像是一次选手的选拔，实际目的在于群众的发动，赛后也确实达到了这个目的，群众是真正发动起来了。北京舞院许定中教授来校指导，他有一句生动的评语："广东舞校上上下下有一种'同仇敌忾'的劲头，令人生畏。"正是这种共同认识到的危机感和第四届"桃李杯"中与奖牌无缘的羞愧，激励起一种拼搏的劲头。预选赛培养了精神，营造了氛围，还在承办的组织工作方面积累了经验，更在选手和节目方面找到了薄弱环节。教师和学生中藏着极大的智慧和潜力，把他们凝聚起来，让他们以创造的精神行动起来，学校的一切事情就都好办了。有了预选赛之后的这些认识，由此建立起来的一支能战斗的队伍，所产生的结果也便可想而知了。

　　通过"桃李杯"，广东舞校出现梁维萍、石建军、张力等一批才华出众的青年教师，选拔出丁然、柯志勇、张锐、李楠、谢茵、吴芳、苏淑等一批有出色表现的学生应该不是偶然的现象。在他们的背后还有一群教师和学生在烘托着他们。甘当人梯的陆之中、杨德伟、黄建定、肖永森、罗小红等这些业务干部做着大量的策划和指导工作；加上何煊宗、毛铁权等同志在组织和后勤工作上无以复加的保障；还有各部门的主管校长：郑晓惜、梁朗行、王炳光等高级讲师们明智、果断的领导。在这样一个群体里，团结一致地去完成一项任务是一次愉快而鼓舞人心的经历，也是一种充满信心的可信依靠。

　　所有这些成果，归结起来是综合创造力的一种集体创造的结果，广东舞校的决策层有意无意地运用了现在提倡的创造性思维的"智力激励法"，是创造性思维的一种技法。它是以专题讨论会的形式，通过发散性思维进行信息催化，激发大量的创造性设想，形成一种综合创造力，并可以产生最佳结果的集体创造方法。学校是一个整体，必须有一个整体的、系统的观念来管理学校。重视综合创造力的形成，就会在较短的时间里，取得较大的成果。并且，还不仅仅是一个效率和效益的问题，深层的意义还在于用在中国特色的社会主义思想来培养人才，这样就必然会采用集体创造的方法。

广东舞校不尚空谈，一步一个脚印地走，以实践来检验自己所走过的路。虽然学校的面貌上有了改变，但是还是从各兄弟院校的长处中找到了自己的差距，尤其是在选材方面、教材和教学方法方面存在着许多问题。从"桃李杯"的过程中非常直接地领悟到自己的不足，这也是往新的台阶迈进的开始。相信2000年的第六届"桃李杯"，广东舞蹈学校还会有进步。

雄关漫道真如铁，而今迈步从头越。本届"桃李杯"古典舞的选手和节目都较为抢眼，相对民间舞有点显得冷清，于是议论民间舞的话题倒是比以往热闹得多。

古典舞和民间舞分舞种比赛是从第二届"桃李杯"开始的。第一届是以中国舞的概念来进行的，选手一般都要准备2个节目，3个组合，古典舞、民间舞都须全面，对于选手来讲是够严格的。但从目前要求教学从全面的素质教育人手来看，第一届"桃李杯"的做法似乎更贴近目前的教育观念。

民间舞作为一个独立的学科，应从1987年创建民间舞系而把民间舞列入了专业系列开始。迄今不过9年的时间，但从目前的发展趋势看，本届"桃李杯"参加的选手和节目在数量上都是最多的，质量上也很引人关注。从社会需求上看，民间舞创作节目，民间舞专业的学生仍十分对路。分析本届"桃李杯"民间舞方面的情况，有以下几点值得注意：

1. 涌现了一批新进的教学骨干。如北京舞院的高度、明文军、许令杰等，上海的陈飞华、赵丽等。四川的白莉、曹平、李崇敏等，广东的梁维萍、林薇佳、孙跃颉等，中央民族大学的旦周多杰、马承魁等，还有西藏艺术学校的郭磊、罗旦、江东等。民间舞的业务干部和教学骨干在更替的阶段中，出现一批新的骨干是令人鼓舞的。由此，四川、广东、上海的民间舞选手和教学节目与北京的距离在缩小，也在本届"桃李杯"中比较突出。

2. 教学节目的创作也有新气象。四川姜小平的《生死情》，广东高坡的《卓玛·卓玛》，西藏郭磊、江东的《韵》，北京舞院万素的《家长里短》，韩贤杰的《祈福》、《千年鹤》以及梁维萍的《荷塘月色》、《凤飑》，赵铁春的《梦鼓情别》、《长歌·长情》，满运喜的《雪城素描》，周萍的《好花季》等等，这些节目都是表现不俗的好作品。绝大部分编导都是近三四年才开始参与"桃李杯"教学剧目的创作，"小荷才露尖尖角"，就有这样的成绩，也是使人感到惊喜的好事情，可以证明民间舞的教学和创作不乏人才。

3. 我们发现，北京舞院的宝尔基，香港演艺学院的胡锦明都是自己创作节目来参加比赛的。又发现，还有在上两届是自己作为选手参加比赛，6 年以后的这一届已是编导和指导教师了。比如于晓雪、刘立功等。这一现象在别的舞种里还鲜见，却是真正值得注意的好势头。如果说目前的民间舞还不能令人满意，上述的三点情况可以让我们寄希望于未来。事业的发展有赖于人才和人才的结构及其他们的状态，民间舞就像我们今天的中国，既古老又年轻，是在"发展中"的，还处于"初级阶段"。能够预见到她的未来，这是我们值得欣慰、值得为之奋斗终生的。

但是"桃李杯"中发现的问题，也应引起十分的重视。

1. 稳定的、科学的教材问题。因为是处在一个发展中的阶段。民间舞的教材也一直在鼓励发展、充实、调整的过程之中，未能形成相对稳定而科学的宏观控制。自行其是和随意性的教课在各校都司空见惯。从"桃李杯"的章程中也可以反映出这个问题，历届"桃李杯"都只设"八佳"，"十佳"，不设一、二、三等奖。本届设了一、二、三等奖，也并不表明有了明确的评分标准。作为培养和发现人才，"凭感觉"也可以算是一种方法，但从教学的观念上来权衡，这种方法偶然性多于必然性。本届推选出的一批优秀选手，表现也都不错，但与前几届出现的康绍辉、唐泽英、王琦、黄雪、陆峻和近两届出现的于小雪、杨颖、姜铁红、杨旭康等令人难忘的明星们相比，不知他们是否也会有这样的影响力，事过多年还让大家啧啧称道。

民间舞也有自己的基本功，也有素质能力的训练，从这点上看，就可以找出一个共性的问题，一个由浅入深的步骤问题，稳定和学科的教材会就此产生。没有基本功，没有高素质的能力，就不能有高、精、尖的人才，更不能有稳定的、必然的人才出现。民间舞教材的发展阶段应该可以成为过去式，而进入到稳定的、科学的教材建设阶段。为了配合这一发展趋势，"桃李杯"的章程相应可以做一点修改，一定要在评分标准上作出规定，也应该在比赛的内容和程度上做一点调整。比如可以列出一些参考组合来，以便于评分标准的制定，让民间舞也有可比性。让自行其是、随意性的教课成为只有在过去的阶段才有的现象，想必民间舞教学就会发生根本性的变化。

2. 民间舞教学节目的创作问题。本届"桃李杯"据初步统计，少年甲组和青年组古典舞，参加决赛的创作节目共 29 个，而民间舞是 41 个，数量上大大超过古典舞，但优秀教学剧节目奖一个也没列上。留给观众深刻印象的也是《秦俑魂》、《旦角》、《漫漫草地》、《萋萋长亭》这几个古典舞节目，以这个角度和方式来摆问题，民间舞的同行们一定会感到不快。其实比赛本身也只能说明一个局部，并不完全涵盖一切。

我们要找到的原因是，民间舞的节目创作不同于民间舞的组合编创，也就是说舞台不同于课堂。现在的做法是我们的节目几乎是在课堂和排练场上完成的，灵感也几乎来自于我们教出来的学生和学生掌握的这点教材。这样参加"桃李杯"是可以了，但离民间舞远了，离民间舞所固有的特性远了。民间舞所具有的特殊魅力，应该有别于古典舞、芭蕾舞以及现代舞。课堂里的民间舞因为教学的需要已经被大大改造了，民间舞中的自娱性很大成分被削弱了；而我们的创作更加重了这部分的削弱，节目的倾向是编导和演员自我能力上的表现，矫揉造作的成分多于节目应给予观众的魅力。在这一点上我们从古典舞、芭蕾舞的节目里吸收了太多其实对民间舞来说并不高明的成分，好像是在做削足适履的事情。

从现代舞里也吸收了太多类似弱起弱收与民间舞审美情趣大相径庭的手法和意识。民间舞其实更有广阔的创作天地，应该下工夫寻找民间舞自身的、固有的特性，在民族、民间文化的海洋里得到创作的灵感。直接从课堂的教材里演化成创作，恐怕是不能称之为创作的。

民间舞的教学和民间舞的创作用不同思维方式来对待，这一问题的研究还未展开过。我们也可以从"桃李杯"的比赛方法上，开始研究一下，是否可以分两个评委组来分别对待组合和节目，研究教学问题的专家来评组合，研究创作问题的专家评节目，应提出各自的目的和评分标准，以作出较为科学的导向。在比赛的形式上也可研究是否一定只在独舞、双人舞、三人舞上进行，这是古典舞和芭蕾舞较为适宜的形式，对于民间舞特性的发展显然会造成局限。故此，集体舞的创作可以考虑加入。以上的意见都只作为一种体会记录下来了，写给大家看，也许会提供一点研讨的话题。

（原载于《艺术教育》增刊 1997 年 7 月）

第六届"桃李杯"民间舞比赛的成就

潘志涛

内容提要：作者以"桃李杯"元老及民间舞资深专家的身份，回顾了历届"桃李杯"舞蹈比赛及民间舞学科理论与实践的发展过程，有自省、有反思、有评估、有展望，字里行间洋溢着对舞蹈教育事业的赤子之心及对年青一代舞蹈学人的殷切期望。

民间舞这次在第六届"桃李杯"舞蹈比赛里的表现如何，是不少人关心的话题。如果说民间舞在第五届的"桃李杯"中不尽如人意的话，这次是否有所改进？我想这个问题的答案，应该是肯定的。我们总是拿"穷则思变"的例子来做比较，这次的民间舞也有点这种感觉，大家都觉得有了问题，绝路便能逢生。第五届"桃李杯"中民间舞专业受到了来自各个方面的批评和责难。似乎民间舞滑坡到了一个相当程度。其实呢，也是有点夸张的。因为不过半年以后在重庆进行的"孔雀杯"中，民间舞的节目大放异彩，各地节目的创作情况都十分好，如《阿惹妞》、《小伙儿四弦琴与马樱花》、《牛背摇篮》等好节目都是在那时看到的，不过就是没有按"桃李杯"的规矩来就是了，所以，以一个比赛的结果来论一个专业的短长，评估一个学科的进退是不科学的。所需要的还是真正从自身专业和学科的建设着眼看到不足的地方并予以改进。当然同时还要"看到成绩、看到光明、要提高我们的勇气"。

第五届"桃李杯"之后，民间舞有关方面的负责同志，曾多方面地切磋和交流，针对民间舞出现的教学问题和创作问题进行了无保留的意见变换。北京、上海、广东的几个院校的代表还在珠海举行了一次学术会议，专门研究了民间舞在"桃李杯"中的改进办法。于是，在第六届"桃李杯"的筹委会上提出了建议，第一点改进的意见是加进"群舞"一项，作为比赛内容；

第二点是在《章程》的"比赛内容"里提出了"原生态因素"的要求。这两点都被筹委会所采纳，并列入《章程》中。比赛的结果，说明这两个改进的措施是非常有效的。

一

群舞这一建议首先是由上海舞蹈学校提出，受到了大家的一致拥护，并立即得到响应，积极地筹备起来。也许一开始提出的时候，并没有料到这以后的结果是如此的辉煌和热烈，以至不仅在民间舞学科的建设上得到了极大的鼓舞，而且在其他学科的领域里都相应的得到了"拉动"。

在"群舞"中评出的《阿嫫惹牛》这唯一的创作一等奖和唯一的表演一等奖，可以说是毫无争议的。专家、评委是这么评的，观众也是这么看的，这样的结果就可以知道其含金的程度了。令人信服的艺术性与思想性的高度统一，更令人称绝的是浓郁的民族风格及地域独有的审美情趣与时代感，现代审美趋向的融合，可以说《阿嫫惹牛》不只是在艺术院校内，即使在全国的范围里也是多年来难得一见的好节目。

这次的"群舞"项目一共设了十二块奖牌，评奖结果：属于民间舞的节目占了十块，除《阿嫫惹牛》的两块金牌之外，厦门戏曲舞蹈学校的《剽牛》、北京舞蹈学院附中的《盘龙祭》、北京舞蹈学院大学部的《二月二》和四川舞蹈学校的《卓嫫》都是十分精彩的节目。

尤其是《二月二》这样的节目，充分而深刻地表现着民间舞无可替代的自然美以及经受得住时代变化影响而固有的不变魅力。

这些节目的出现，说明了"群舞"这一项目适合于民间舞这一舞种的表现。究其原委，"桃李杯"在当时发起时是以中国舞的教学状态来思考策划的。所以那时的第一届"桃李杯"称为中国舞"桃李杯"邀请赛。

"桃李杯"比赛进行了六届，我们越来越清楚了。"桃李杯"其实并不能包含舞蹈教育的全部，它更适宜于类似的古典舞、芭蕾舞人才的开掘，更符合我们过去年代对于艺术教育模式的探索，对于民间舞的人才培养不应该只按一种模式来套，这样做就会失去民间舞自身的特征和它所应具有的艺术魅力。"群舞"这一形式就比"单、双、三"更符合民间舞的舞种特性，更能体现民间舞固有的艺术魅力。这一点，在本届"桃李杯"的"群舞"项目中得到了充分的验证，至于以后的"桃李杯"中的民间舞还能有什么改进，我们还可以广开思路。总之，民间舞既然已经是一个学科，就不能以别的学科的做法来替代民间舞学科的做法。民间舞肯定能走出自己的一条路来，这是不以人的意志为转移的，但要摆脱习惯的做法真的走出自己的路来，那是要相当的时间和不懈的努力才行的。

再就是要改进的不能只局限在方法上的改善，更重要的还应是观念上的。最终体现在本质的、根本性认识上的提高，也就是：民间舞究竟是什么？它存在的必要是什么？

二

针对民间舞究竟是什么？在《章程》里新加了一个"原生态因素"的词，这是很值得重视的一个改变，回顾早先，我与邱友仁老师在拟写民间舞的比赛规则和评分标准时曾有一个认识："宜粗不宜细"；我们认为民间舞不同于古典舞，不能拘得太死，卡得太紧，应该允许不同流派、不同风格的出现，才能有百花齐放的繁荣。民间舞虽然进入了课堂、进入了舞台，但仍处在一个过渡的探索阶段，过早地规定一个标准来规范民间舞，不符合民间舞发展的现实。可以说，北京舞院的民间舞系和附中以及民院、上海舞校、沈阳舞校等院校都在这一个时期有了一个比较顺畅的发展期，我们称之为自由发展期，几乎没有任何主观意义上的卡尺或所谓的"权威"来限制某一种的做法，大家相安无事地各做各的教学和创作，每一届的比赛虽有不少的竞争，但终究都是以建设一个新学科的心态在平和地对待着每一个新节目和新尖子的出现，甚至相当长的一段日子里，民间舞的尖子选手都是以"十佳"的称号来对待的，不分一、二、三等奖。这是非常有趣的一段往事，现在想起来似乎恍如隔世。不知何时民间舞也列了一、二、三等奖的级别，出现了其实不能是最尖的尖子，而最重要的是民间舞自由发展的阶段，究竟何时才是一个头？这样的发展还能继续吗？自然状态当中的事物无疑会是松散而缺少追求更高层次的亢奋。所以，在第五届之后，民间舞几乎成了众矢之的，受到了来自不同方面的批评，民间舞的人自己也在反省，民间舞的问题出在了哪儿。当然，问题是多方面的。珠海会议上的一个共识是：还民间舞以本来面目。"原生态因素"的提法是还以本来面目的最重要的一点。

本届"桃李杯"里的民间舞，最好的节目、最好的演员都可在"原生态因素"里找到答案，就是说越具有"原生态因素"的节目和演员，越在民间舞的范围里能获得认可和赞赏。"群舞"里的《阿嬷惹牛》是这样的情况，青年组里的《猎·趔·鼷》也是这样的情况，作为创作，表演都是一等奖的节目，应该不是一个偶然的现象。《猎·趔·鼷》的名字就起得各色，当然内容和形象也各色，所以是协调一致的好作品，否则就会徒有虚名。《猎·趔·鼷》这个节目好就好在各色上，我们看到的是一个前人没有塑造过的一个生动而活泼的形象，是一个可信的独特的形象，它有源于"原生态因素"的意味，更有高于"原生态因素"的创作意味。是机智、勇敢、无畏、敏捷的青年英俊的形象，又是我们日常生活中能遇到的亲切、可爱、诙谐、幽默的小伙儿的素描，自然而贴切，毫无时尚中那种矫揉造作、自我欣赏和焦躁难捺的种种令人厌烦的重复，这是第六届"桃李杯"中给我们留下的最难忘的艺术形象中的一个。还有不少难忘的成功作品："群舞"中获二等奖的《剽牛》（厦门戏曲舞蹈学校），获三等奖的《二月二》（北京舞蹈学院），《盘龙祭》（北京舞蹈学院附中），《卓嬷》（四川舞蹈学校）。

还有可喜的是一批新的民间舞的尖子的出现，首推获一等奖的选手：全露（北京舞蹈学院），他的节目是《猎·越·鼷》；廖雪静（解放军艺术学院）她的节目是《秋》；杨怡孜（北京舞蹈学院）表演的节目是《一片绿叶》；毛侃（北京舞蹈学院附中）表演的节目是《鼓童》；伍晶晶（北京舞蹈学院附中）表演的节目是《荞麦花开》。这些新秀的一致特点都是民间舞的基础能力很扎实，又在他（她）们表演的节目和组合中充分地体现了他（她）们的表演才能，可以说这些获得一等奖的孩子，在外形条件上都差强人意，比古典舞和芭蕾舞的选手们都"稍逊一筹"，但他（她）们的可贵，恰恰就在于貌不惊人中的身怀绝技，以他（她）们的心和激情去赢得观众，以他（她）们的演技和感觉去攀登艺术高峰，从某种意义上讲成绩的取得更显不易，离艺术的最高点也更近一步。特别要提到的是在二等奖里的万玛尖措（中央民族大学），他演出的《搏回兰天》；唐怡（北京舞蹈学院），她的节目是《金鸡嬷》；谢茵（北京舞蹈学院），表演的节目是《有喜》；还有少年组的王旭（大庆艺术学校），他的节目《走回大草原》。这几位选手都是十分优秀的，他（她）们在剧场里的表现非常出色，给人留下难以磨灭的印象，如果不是某些方面或多或少有些可以改进的地方，其实他（她）们的潜质和现场表现与一等奖的选手相比也应该是不相伯仲的，这些优秀的节目和优秀选手的出现，都是民间舞这些年来的教学成果的体现，是自第五届"桃李杯"之后反省的结果。

我们看到北京舞蹈学院附中和大学的民间舞有了相当大的进步，无论是"群舞"项目还是单项的比赛都有较大的实力，参与意识十分强烈。大学民间舞系和附中民间舞教研组的教师及领导人几乎倾巢出动，选手、指导教师、领导以及观摩人员，去上海的人数占全院总数约一半以上。仅就三个群舞节目，就去了七八十位民间舞的选手和指导教师，再加上近二十名参加单项比赛的选手，以及在他们背后的指导教师和后勤人员共一百五十人左右，这支队伍也许可以列入"吉尼斯"纪录吧。有如此诚恳而务实的态度，有老、中、青三代人的不懈地努力和追求，再加上认真对待批评的精神以及认真的改进，还有什么理由不拔头筹呢？

令我们不禁想起上届"桃李杯"赛后中央电视台《东方时空》在一个专题中用上、下两集播放了对"桃李杯"的专访，主角是青年教师刘立功和他的两位参赛学生，他们的成绩没有上榜，他们在镜头中都掉下了眼泪。那动人心魄的一幕，至今在眼前闪动。不过三年，青年教师刘立功带着三年前的遗憾不仅在民间舞中拿了一个一等奖，还在群舞和古典舞的节目创作中，有不俗的表现。他的同事张赛荣老师和钟宁老师，上一届也是名落孙山的一拨，这一届她俩的学生伍晶晶不负众望、出类拔萃。张赛荣和钟宁对待学生精益求精的那点精神也可大书一笔了。这些青年教师的成长，使我们深感后生可畏，长江后浪推前浪的大好势头。我们希望这个势头能够永远坚持下去，那么民间舞的真正辉煌将是不久的未来。

三

当然，单就一两个单位如此敬业是不够的，还应该有一支宏大的师资队伍和编创队伍，仅看比赛的结果也不能说明一切，还要看平时的教学和过程中的每一点滴的积累，恰如本届奥运会中国队的第一枚金牌获得者陶璐娜说的"不能光看最后的结果，主要的还是过程中的一点一滴"。

这次的民间舞，地方院校的教学有了长足的进步，也是一个鲜明的特点。四川舞蹈学校和广东舞蹈学校的教学剧目的创作都十分踊跃而有成果，四川的两个群舞节目印象是十分深刻的，广东舞蹈学校的骆毅表演的《手舞足蹈心狂跳》、《弄弦》；唐雨表演的《原鼓》；陈思蕴的《花开的声音》；黄蓓的

《莎瑶鼓》等都是非常有特点且很有品位的好作品。这两所学校都办了编导大专班，其成果就是在"桃李杯"中均有好的创作出现。

在决赛的有限的几位选手里加入了内蒙古艺术学校的包红《美丽的姑娘》；沈阳市艺术学校的吕游《山里红》；大庆市艺术学校的王旭《走回大草原》等名不见经传的选手也很惹人注意，说明这几所学校的民间舞教学也很具实力。他们节目的创作就很有"原生态因素"，选手的表现力和演技都可看出指导教师的功力和用心良苦的方面，也真是很难得的。大面积的丰收从中也可以看出民间舞专业的巨大潜力和旺盛的生命力。

从选手和作品的背后看，可能还有更多的方面值得注意的，有趣的是从事民间舞教学工作的资深教师有不少是兼职或改行从事专业管理的，这可以从各院校的专业干部中看到，其他舞种中当然也有类似情况，不过就是民间舞专业中更多一些这样的人才，例如相当著名的高度、明文军、赵铁春等，自己有着沉重的业务行政的担子，在"桃李杯"比赛中还有不少引人注目的作品创作。值得重视的是这些人中兼顾创作的和组织大型艺术活动的情况在逐年增加，他们在高、精、尖人才培养的模式中逐渐地摸索高精宽的路子，这也许是人才市场的需要，但我们要注意的是社会需求的究竟是具有何种素质的人才。偏了、窄了都将面临不适应，民间舞人才的趋向问题有了以上专业人士多种实践性的探索和研究，才会对民间舞专业的发展产生直接的建设性影响。

"桃李杯"三年一届，我们逐届地在这过程中从自然走到了必然，对所产生的结果和遇到的问题有了越来越清晰的认识。

套一句话来结束本文："桃李杯"比赛本身并不重要，重要的是"桃李杯"赛前、赛后的过程和对此的认识。

（原载于《北京舞蹈学院学报》2000年第3期）

关于第六届"桃李杯"中的群舞

潘志涛

2000年7月在上海举办了第六届"桃李杯"舞蹈比赛。围绕"桃李杯"这个主题、最应该大书一笔的是"群舞"作为一项新的内容的加入。

"桃李杯"从创办到现在有十五年的历史了，进行了六届，每一届都轰轰烈烈，培养了一批批跨世纪的杰出舞蹈演艺人才，同时也涌现了一批批成熟的教员和光彩夺目的编创人员，这其中的成功之处当然都是鲜明而令人鼓舞的，而另一方面的思考和反省却也是严肃而痛苦的。"群舞"这一项目的新设就是一明显的例子，从赛后的结果来看，新设的"群舞"项目肯定是一个成功之举，是本届"桃李杯"比赛中最光彩夺目的一部分，当然"群舞"的设立不是一个简单而孤立的现象。

严格地按舞种的特点和要求来进行的舞蹈比赛，就是"桃李杯"。第一届"桃李杯"以邀请赛的名义进行，参加的不过是七个院校单位，由当时的北京舞蹈学院中国舞系发起并承办，所以比赛是中国舞的比赛，内容是中国舞当时在教学中的内容。选手除了要有两个节目，还要准备两个组合，古典舞基训一个；民间舞基训一个。北京舞蹈学院此时还只是以中国舞和芭蕾舞两个舞种设置来进行舞蹈的专业训练，对于中国舞的选手而言也只是能具有古典舞和民间舞两种基础能力就足够了。事隔三年第二届"桃李杯"时，因为有了中国民间舞系的设立，中国民间舞作为一个学科建立了，于是"桃李杯"的比赛也分作了古典舞和民间舞两个舞种来进行。到了第三届又加入了芭蕾舞，这样，三个舞种同时进行的分项比赛，在最近十年里形成了"桃李杯"较为稳定的一种格式。这看起来是适应了当时"拨乱反正"以后艺术教育的形势。

到了第五届"桃李杯",即在广州进行的那一届。赛后对民间舞有了不少的批评和议论。当时,对古典舞无论是选手还是剧目创作方面都给予了相当的肯定和评价,"桃李杯"实际上似乎就是为培养古典舞、芭蕾舞这样的专业人才而设立的。至于民间舞人才的培养是否也以"桃李杯"这样一种方式来培养和发现,这个问题是大可研究和探讨的。从这一点出发,于是萌生了如何改变"桃李杯"适合民间舞人才培养的一种比赛方式,"群舞"这种方式应该更适合民间舞的特性和审美。

民间舞或者说中国民间舞,即使进了课堂上了舞台,仍然是绝大多数的专业工作者以民间舞固有的特性和特点来表现民间舞特有的美,体现民间舞不可替代的魅力。

当然,现实的编舞者们并不受某种规律的约束,既然是创作,就凭着无拘无束的态度我行我素起来,这在"桃李杯"里可以清楚地看到这一点。也有不少的节目偏离了民间舞自身的审美特征,致使行内外的人士产生一种疑惑,搞不清什么是民间舞,为什么还有民间舞这一个专业。于是关于"桃李杯"舞蹈比赛是否适于民间舞的发展和人才的培养这个问题越来越得到有关人士的关注。

民间舞学科建立至今,演艺方面的人才如于晓雪、杨颖、陆俊、袁莉、江靖弋、宝尔基、金顺福等,以及社会上著名的如杨丽萍、姜铁红几位几乎无人不晓的人物,都充分体现了民间舞特有的美和无可替代的魅力。至于创作方面的杰出人物也是势不可当,张继刚、丁伟等不断有新作出现,且始终处在创作的热忱之中,再则舞蹈教育界中的著名专家、教授、管理人员,由民间舞学科培养成才的可以说不少于其他学科培养的人才。高、精、尖人才的培养应了某些专家的说法是有了高精宽的结果,这恐怕就是民间舞培养人才的优点与长处了。因此,以"桃李杯"比赛的结果来评论一个学科的建设与趋向显然有失偏颇。什么是民间舞,为什么有民间舞这样一个专业?本来不应该是一个问题,既然有了这样的问题,那就需要有所改进来解决问题了。

以上的这点认识在第五届"桃李杯"之后,民间舞方面的有关人士通过各种方式和问答途径进行了交流和反思,得到的共识是民间舞可以在比赛内容的方式上加以改进和完善,以适应民间舞对当今人才培养的需要。

有一至两项措施来改进一下是十分必要的。首先是针对民间舞这一舞种的基本特征的把握，在民间舞的审美情趣上定位在："中国民间舞组合一个，含原生态因素，艺术表现及其技能。"（摘自《中国青少年艺术大赛第六届"桃李杯"舞蹈比赛章程》），《章程》中强调的"原生态因素"就是指民间舞本来属于地域性、广场性、自娱性、群众性、传承性等的特征的重视。这种"原生态因素"之所以要强调是因为在创作的过程中，以致教学的各个环节中都是十分容易在主观的操作里被逐渐地忽略掉的。更因为处于现代都市的氛围里，各种文化现象的影响、交融以及冲击，"原生态因素"的被削弱、扭曲、忽略是十分自然的事了。《章程》上首次强调了民间舞的"原生态因素"是对民间舞特性的捍卫，是对民间舞事业的建设，既考虑到其继承的一面，又考虑到民间舞要创新发展的一面，这一点应该是对本届"桃李杯"比赛的一大贡献。

这一贡献的具体体现是在增加"群舞"一项的内容，由上海舞蹈学校提出建议，被筹委会采纳而增设的。"群舞"被选到大会上进行决赛的共13个节目，有民间舞"原生态因素"的节目七个，占一半多一点，而可喜的不仅是在数量上的收获，更可喜的是四川舞蹈学校创作并表演的《阿嫫惹牛》可以称为佳作中的佳作，这真是近年来少有的上乘之作，创意、编舞技法、排练以致表演都可以称为精品，《阿嫫惹牛》在剧场中获得的热烈场面是真正的由衷的观众反响。这样的节目是我们理想中的民间舞的创作。除此，很值得提一笔的是北京舞蹈学院民间舞系创作并表演的《二月二》，这个节目的"原生态因素"更厚实，可以说几可乱真，也就是说这是很难看得出主观创作意识的创作。《二月二》好像是山东某地的一个广场舞蹈，质朴而雄浑，无丝毫做作、矫揉之处，创作者对于中华民族的深厚情感不显山不露水，自然地流淌着他的激情和爱，真有点炉火纯青的程度。从民间舞系的创作里我们得到的领悟是其实创作在一定程度上只是不随俗，不照搬而已，真的拔着自己的头发离地的创新，多了，也是随俗。

厦门戏曲舞蹈学校的《剽牛》，北京舞蹈学院附中的《盘龙祭》，也是在"原生态因素"上下了工夫，并有着创新意味的创作。还有四川舞蹈学校的另一个群舞节目《卓嫫（牧女）》和北京舞蹈学院附中的另一个节目《秋》都是相当好的节目，群舞节目在创作和表演上的大丰收可喜可贺，"桃李杯"舞蹈比赛进入到一个新的阶段，从第五届加了一项"即兴"的比赛内容到本届加了一项"群舞",在观念上不断有重大的前进。"桃李杯"这样的形式是否还能适应新世纪艺术人才的培养,也就逐渐地更加清楚,在探索的过程中,勇于做一点突破,不断地获得一点经验,这是积极而有益的。

（原载于《舞苑信息》2000 年第 9 期）

从"桃李杯"赛看民间舞的发展

潘志涛

民间舞在第六届"桃李杯"舞蹈比赛里的表现如何，是不少人关心的话题，如果说民间舞在第五届"桃李杯"中不尽如人意的话，这次是否有所改进？我想这个问题的答案，应该是肯定的。

我们总是拿"穷则思变"的例子来做比较，第六届"桃李杯"舞蹈比赛中，民间舞的表现就有这种感觉。在第五届的"桃李杯"中民间舞专业受到了来自各个方面的批评和责难，似乎民间舞滑坡到了一个相当的程度，其实有点夸张。因为不过半年以后在重庆进行的"孔雀杯"和之后的"荷花奖"比赛中，民间舞的节目大放异彩，如《阿惹妞》、《小伙儿四弦琴与马樱花》、《牛背摇篮》等好节目都是在那时看到的。所以，以一个比赛的结果来评论一个专业的短长，评估一个学科的进退是并不准确、并不全面的。重要的还是真的从自身专业和学科的建设着眼看到不足的地方予以改进。

在第五届"桃李杯"之后，院校民间舞教学方面的负责同志曾多次进行切磋和交流，针对教学和创作问题进行了无保留的意见交换。北京、上海、广东的几个院校的代表还在珠海举行了一次学术会议，专门研究了民间舞在"桃李杯"中的改进办法。在第六届"桃李杯"的筹委会上提出了建议。第一点改进的意见是比赛内容加进"群舞"一项，第二点是在《章程》里提出了"原生态因素"的要求，这两点都被筹委会采纳，列入《章程》中。比赛的结果说明这两个改进的措施是非常有效的。

"群舞"这一建议首先由上海舞蹈学校提出，受到大家一致拥护，并立即得到响应，积极地筹备起来。也许一开始提出的时候，并没有料到这以后的结果会如此的辉煌和热烈，以致不仅在民间舞学科的建设上得到了极大的鼓舞，而且在其他学科的领域里都相应地得到了"推动"。

在"群舞"中评出的《阿嫫惹牛》这唯一的一个创作一等奖和唯一的表演一等奖，可以说是毫无争议的。令人信服的艺术性与思想性的高度统一，和浓郁的民族风格及地域独有的审美情趣与时代感、现代审美趋向的融合，可以说《阿嫫惹牛》不只是在艺术院校内，即使在全国的范围里也是多年来难得一见的好节目。

这次的"群舞"项目里一共设了十二块奖牌，评奖结果：属于民间舞的节目占了十块，这说明了"群舞"这一项目更适于民间舞这一舞种的表现。究其原委，"桃李杯"在当时发起时是以"中国舞"的教学状态来思考策划的。因此，第一届"桃李杯"称之为中国舞"桃李杯"邀请赛。

"桃李杯"比赛已举行了六届，我们越来越清楚"桃李杯"其实并不能反映舞蹈教育的全部，它更适宜于类似古典舞、芭蕾舞人才的展现，更符合我们过去年代对于艺术教育成果的展览，而对于民间舞这样的舞种人才的培养不应该只有一种模式，这样做会失去民间舞自身的特征和它所应具的艺术魅力。用"群舞"这一形式就比"单、双、三"更符合民间舞的舞种特性，更能体现民间舞原有的艺术魅力，这一点，在本届"桃李杯"的"群舞"项目中得到了充分的验证。民间舞有其独特的艺术形式和魅力并已经形成一个学科，就不能以别的学科的做法来替代民间舞学科的做法。民间舞的教学与创作应走出自己的一条路，要有所创造，有所发展，但需要相当的时间和不懈地努力。

民间舞要改进的不只是方法，更重要的是观念。也就是：民间舞究竟是什么？它的存在价值是什么？

北京舞院的民间舞系和附中以及中央民族大学、上海舞校、沈阳舞校等院校都在一段时期里有过一个比较顺畅的发展期，我们称之为自由发展期，几乎没有任何主观意义上的卡尺或所谓的"权威"来限制某一种的做法，大家相安无事地各做各的教学和创作，每一届的比赛虽有不少的竞争，但终究都是以建设一个新学科的心态在平和地对待着每一个新节目和新尖子的出现，甚至相当长的一段日子里，民间舞的尖子选手都是以"十佳"的称号来对待，不分一、二、三等奖。这是非常有趣的一段往事，现在想起来似乎恍如隔世。曾几何时民间舞也列了一、二、三等奖的级别，出现了其实不能算是最尖的尖子，而最重要的是民间舞自由发展的阶段，究竟何时才是一个头？这样的发展还能继续吗？自然状态当中的事物无疑会是松散而缺少追求更高层次的亢奋。所以，在第五届之后，民间舞有点成为众矢之的的架势，受到了来自不同方面的批评。搞民间舞教学的人自己也在反省，民间舞的问题究竟出在哪儿？当然，问题是多方面的，珠海会议上的一个共识：还民间舞以本来面目。"原生态因素"的提法是还民间舞以本来面目的重要的一点。本届"桃李杯"民间舞里，最好的节目、最好的演员都可在"原生态因素"里找到答案，就是说越具有"原生态因素"的节目和演员，越能在民间舞的范围里获得认可和赞赏。当然，这里还有个创作编排好坏的问题。四川舞蹈学校和广东舞蹈学校的教学剧目的创作都十分踊跃而有成果，这两所学校都办了编导大专班，在"桃李杯"中出了不少作品。入围决赛的还有内蒙古艺术学校、大庆市艺术学校的几位选手，说明这几所学校的民间舞教学也很具实力，首先是节目的创作很有"原生态因素"，选手的表现力和演技也可看出指导教师的功力，从本届"桃李杯"民间舞大面积的丰收中可以看出，民间舞专业的巨大潜力和旺盛的生命力。

关于民间舞人才的培养问题，我们还要注意的是社会的需求，社会究竟需要具有何种素质的人才，偏了、窄了都将面临不适应，只有对民间舞人才的趋向问题有了研究，才会对民间舞专业的发展产生直接的影响。

"桃李杯"三年一届，我们逐渐地在这过程中从自然直到了必然，对所产生的结果和遇到的问题有了越来越清晰的认识。现在看来，"桃李杯"比赛本身并不重要，重要的是我们在这过程中逐渐走向成熟。

（原载于《舞蹈信息报》2001 年 4 月 5 日）

繁花似锦　目不暇接

——小记第二届全国少数民族文艺会演

潘志涛

北京的金秋时节，迎来一个各民族欢聚一堂的盛会，第二届全国少数民族文艺会演的成功进行，是大大出乎了一般人的预料。参加的人数之众、展演的节目之广、艺术形式之全，观摩人员之踊跃，都是类似活动之罕见现象。

"9·11"事件是美国有史以来未有的恐怖分子袭击美国的事件，无辜生命遭残害，标志性建筑毁于顷刻之间。人类文明受到了空前的威胁，我们除了对无辜的受害者深表同情和关怀之外，同时也获得不少启示。由此，深深地感到中国以56个民族组成的大家庭团结的重要，庆幸中国人民在以江泽民同志为首的党中央英明领导下，"三个代表"的思想深入人心，才有中国今天这样的大好局面。第二届全国少数民族文艺会演取得的成功，正是占了天时、地利、人和的大好时机。

这次国家民委的负责同志因会演的需要邀请了《舞蹈》杂志、《舞蹈信息》报的谭美莲、沈敏华，中央民族大学艺术学院的满苏荣、慈仁桑木等老师，以及北京舞蹈学院的明文军、赵铁春和笔者提任此次会演的特约评论员，这是一个好的想法，把会演的性质，由通常的评奖活动逐步引导至学术和思想的交流上面。策划者从文化层面上作了对会演极为重要的调整，使功利的成分更多地转变为人文科学的普及和传播。这一观念的调整引人注目。相信此后的评奖活动能被其他非功利的方式来替代，那不是会有更好的文化氛围嘛！

第二届全国少数民族文艺会演的开幕式是在人民大会堂举行的，名为《东方朝阳》的大型鼓乐舞是开幕式晚会的辉煌贡献。中央民族大学艺术学院的师生担当完成《东方朝阳》的创作和演出。以大型鼓乐舞的形式作为如此盛大活动的开幕式真是出色而颇见功力的构想。《东方朝阳》的主题：吉祥中华、东方朝阳。果然如预期的构想，在人民大会堂演出了这么一台有声有色、主题鲜明并纯粹用舞蹈的精彩块状贯穿始终的节目，也许是自人民大会堂有文艺演以来的第一次。

笔者不敢说《东方朝阳》的每一段都经典，但资深的池福子老师编导的《长白祥云》真是非常的完美；更有才气横溢的苏自红、色尕二位老师编导的《云岭飞歌》是那么清新具有活力。加上近年来对维吾尔族舞蹈作品和人才培养卓有贡献的海力且姆·斯地克老师加盟编导的《天山彩霞》，可以说是大型维吾尔族舞的楷模。仅此，这一台晚会已是精彩纷呈了。

有了这么好的开端也可以是一叶知秋了，遗憾的是一天同时有十几个剧场在展演，四十二台节目能看到的演出也只能是其中的屈指可数的几台而已。就笔者有幸看到的几台总起来讲是八仙过海，各显其能，每一台都有其自己的优长和特点。

笔者在首都剧场看到的大型维吾尔族音乐歌舞剧《多浪之花》，是新疆维吾尔自治区代表团选送的节目，由新疆阿克苏地区歌舞剧团创作演出。该剧团的团长艾合买提·伊明曾是北京舞蹈学院编导系的学生，笔者跟伊明团长还有点师生之缘，加之1979年，笔者到新疆去采风，去麦盖提地区学多朗舞是采风的重要内容，自此，麦盖提的多朗舞也便成了北京舞蹈学院民间舞课中的非常重要的组成部分，有了这段缘分当然就对《多浪之花》有了更多的关注和热情。实事求是地讲，笔者对《多浪之花》所取得的成就如此之大，深受感动。维吾尔族舞蹈在民族民间舞界的范围里，历来是享有盛誉，无论从哪方面讲都处在民族舞蹈的巅峰，这份宝贵的民族遗产够我们永远享用，但是阿克苏地区歌舞剧团的主创们并不满足于躺在前人的成就上，而是在巨人的肩膀上还向往着飞翔，《多浪之花》就是他们不"安分"的具体成果。作为民间舞，多朗舞蹈有比较规范的程式化套路，从齐克提曼节奏开始到赛乃姆节奏展开，再到赛乃盖斯节奏场面调度，最后以赛路玛节奏展露技术技巧结束，这一整套是十分的有序而少有随意性的。加上音乐也是有相当规整的多朗木卡姆演奏，所以维吾尔族舞蹈的特征是非常的鲜明而强烈的，也因此很难有别的因素可以干扰或影响维吾尔族舞蹈。多少年来，其他少数民族的舞蹈发展显得十分的活跃而有创意，而相对而言，维吾尔族舞蹈有按兵不动的架势，业内人士对此现象的看法，也是静观维吾尔族的专业人员的自身变化，才能论及维吾尔族舞的发展和创新。笔者认为，《多浪之花》这部音乐舞蹈史诗是多年来维吾尔族舞蹈在创新问题上做得比较大胆而成功的一例。在多朗人的形象塑造上以及舞蹈语言的运用上都有比较大的突破，音乐方面也有比较多的新因素出现，音乐与舞蹈在要求新的形象的完成中取得了很好的协调和统一，动静关系的处理上在新的人物和内容陈述中有了崭新的面貌，而不是以往的维吾尔族舞蹈经常呈现的情况：一个动作紧接着另一个动作。《多浪之花》今天所获得的突破性成果是十分可喜的，相信此成功的一例会引至更多的创新节目出现。笔者认为《多浪之花》的成功其实并不在于创新，而是在 21 世纪到来之时，以多朗舞蹈来表述我们现时多朗人的情怀和观念，使多朗舞蹈焕发出生命的激情来。这才是她真正的成功之处，并不是为新而新的标新立异。

《多浪之花》的演员队伍更是可爱，尤其是他们的一帮小伙子，笔者惊异有这么一拨维吾尔族的男孩们，会跳、会转、会翻腾，还会跪地的技巧……几乎无所不能，又那样的投入角色，朝气蓬勃，热情奔放，看着这拨男孩子的成长，你会觉得维吾尔族舞蹈发展的未来将是无可限量的。

笔者是教员出身，很注意舞蹈演员的状态和人才发展的趋势，于是特别去国安剧场看了贵州代表团选送的大型民族歌舞《好花红》，因为这一台晚会有十几位演员是十年前毕业于北京舞蹈学院附中的学生，只见队形尖尖上的二三位演员似熟非熟的面孔，上身可已经大不一样了，少时有的那点矫健的形象胖得变了样，已经认不出来他们到底是哪一位了，好在他们团创作的节目都相当的有质量，随着节目的展开，这第一眼的印象便瞬间改变了。特邀的总导演丁伟、舞美灯光总设计鞠毅都是大型演艺活动中炙手可热的人物，丁伟早年出道自贵州，驾轻就熟，由他自己亲自编的几段舞一眼就能知道是丁伟的作品，他已经有了纯熟的编舞技巧，但是使他的作品成功率如此之高，并不仅凭编舞技巧的纯熟，更重要的是丁伟对所要表现的题材和所选择的体裁的熟识以及满怀激情的创作态度。《好花红》晚会的最后一个节目《太阳鼓》，主要以苗族素材为主的创作节目，编得好，演得也好，是全晚会中最体现特点和完美的一个典型剧目，是那样的自然、朴素，一点点的炫耀和卖弄的痕迹都没有，是一个完全符合"环保"要求的"绿色"作品。演员在苗舞中出神入化的表演，那是民族民间舞的出色表演，炉火纯青，如痴如醉，笔者此时已全然忘了他们中间有十年前毕业的学生，已忘了去辨认谁是谁了。

笔者在看过的几台节目里，还特别要提一笔西藏自治区代表团的大型西藏乐舞《珠穆朗玛》，这也是由马跃教授担任的总编导，还有数位编导：沙丁、格桑卓嘎、诺尔丹西洛、苏东梅、马东风，其中的几位笔者是熟识的，却忍不住要向他们的卓越贡献致以敬礼。民族舞蹈和民间舞蹈是同一范畴里的艺术形式，但严格地讲应是两个不同层面上的舞蹈形式，笔者认为民族舞蹈源于民间舞蹈，是源于民间而高于民间的一种形式，这一论点的证明，可以从《珠穆朗玛》的成功创作中得出。我们所熟悉的藏族民间舞粗犷、豪放、朴实、无华，经过多少艺术家们的加工、整理、消化、创新，藏族舞在升华，艺术家们融入了变化了的人文状况，更兼容了审美的需求，已在民间舞的自娱自乐的原生状态中逐渐演化为代表一个民族精神面貌和文化前进方向的状态，这就是笔者所指的民族舞形成的状态，笔者强烈地感受到《珠穆朗玛》在文化层面，审美追求和民族精神的体现上所给予的先进文化的前进方向的信息传递，虽然我们不能说这已经形成了一个完整而完善的状态，但我们已经被他们所取得的成就感到鼓舞。《珠穆朗玛》的艺术魅力，作为一种民族形象的树立应该是当之无愧的，她是可以成其为文化演进的一种趋势，是响应"三个代表"思想的一种实践。

第二届全国少数民族文艺会演是振兴民族精神，体现各民族大团结、繁荣民族文化事业的大好事，我们感谢会演的策划者、组织者，并希望以后还有第三届、第四届……以至更久远。

（原载于《舞蹈信息报》2001 年 10 月 1 日）

感人至深的《梁祝》

——记香港舞蹈团二十周年团庆献礼节目

潘志涛

香港舞蹈团建团于 1981 年，至今已有了二十年的历史，此次受邀专程前往香港致贺，其中最重要的一项活动，即是观摩由该团艺术总监蒋华轩先生编剧及编舞的献礼大型舞剧《梁祝》。

单从题材而言，《梁祝》不知有了多少版本，也不知有多少艺术门类涉及过这个家喻户晓的民间传说，就是我们知道的舞蹈和舞剧就不下几十部。中国的老百姓可能不知道罗密欧与朱丽叶，但一定知道梁山伯与祝英台。蒋华轩先生选《梁祝》为他的近作，如果不具相当的实力，不具挑战的态势，是绝不会轻率作出如此冒险决断的。

蒋华轩先生 70 年代开始编舞，已创作为职业近三十年，作品累积几十部之多。他的这部《梁祝》是倾注了他的全部心血和情感的力作，体现了和谐的成熟的美，在浪漫和现实中交汇，与恋情和悲哀共鸣，真的做到了舞剧的大手笔大制作。无论从创作的角度上审视，还是从情感宣泄层面上的忖度，舞剧《梁祝》都是一部印象深刻的作品。

首先，人物的塑造是十分成功的。梁山伯与祝英台既不是越剧里已经程式化了的人物，也不是交响乐里小提琴和大提琴奏鸣的音响，而是活生生的舞剧中的鲜亮形象，是看得见、摸得着的美轮美奂。至诚、可爱、可近、可亲，为他俩设计的独舞、双人舞、领舞和群舞这些大段的舞蹈都是贴切而灵秀剔透的佳作。顺便提一笔扮演梁山伯的十七岁的陈俊和扮演祝英台的二十岁刚出头的苏淑都十分出色地体现了导演的意图，把一双童男玉女的成长，从友谊到爱情，演示出了一幅幅可歌可泣的感人场面来，清亮新秀的人物是角色、还是演员？已经断难分得清了。编导为梁山伯与祝英台在舞剧中设计的无论是舞文弄墨、金兰结交的舞蹈，还是在朗朗读书声和晨操呐喊声里朝夕相伴、情深似海的舞段中，简洁而生动，富有想象又具强烈的感染力。尤其是朗朗读书声、晨操呐喊声里表现的同窗三载的场景，不禁令人想起每个人都会有过的青梅竹马、两小无猜的经历，是那样的朴实无华，而又那样的令人难以释怀。这些看似情节的内容完全是在一种民族化的舞蹈语汇中交织出来的，举手投足中亦是情，颔首放眼俱是韵。真正是精彩纷呈的情节舞蹈，又是栩栩如生、呼之欲出的梁和祝。

蒋华轩先生在处理大场面上也是独具匠心的，第二幕喜雨这场戏的安排巧妙而顺理成章。在舞剧中要使祝英台毕现女儿身，应该是一道难题。既不可直白，又不可哑剧频频，以至丧失掉舞剧的特点。蒋先生就是考虑到了这一层，构思出春雨、嬉闹、泼水、戏耍，一群青年学子无拘无忌，浑身湿透了都要除衫，一个个光了膀子，也就在不经意中抖出了祝英台的真实。十分自然而流畅地把一道难题解了。舞蹈的场面也便围绕着这一情节的展开而十分热烈地推向了一个高潮。真是妙哉、巧哉。

一个作品的开端和展开部分相对地讲都不会太有难倒作者的地方，最难最不易的应该是结尾。往往一部戏的开始和中段都进行得很好，一旦到了收场，却收不住，虎头蛇尾、草草了了。蒋先生在《梁祝》的结尾部分使我们看出了他力透纸背的功力，在大悲大恸中不用通常的哭哭啼啼，也不是缠绵悱恻的儿女情长，而是手之舞之足之蹈之地表现了一种此时无声胜有声的境界。是以环顾左右而言他式的移情方法来表达常人难解的大悲之中的空白。用传统的双袖、大段的群舞，不见了具体的人，也淡忘了具体的情节，只有满台的白布白绸，只有它们在尽情地舞蹈着。突然飞舞的白色在一瞬间全部静止，全然地死寂在一片空白之中，那是真正的悲痛了，全剧的高潮就在这时出现。这一场空白的留出，给了观众以最大程度上的感染，也给了最大限度上的空间想象，美哉，美哉！观众得到了满足，便情不自禁在此时呼出一个"好"字来。

蒋华轩先生初时是一位中国民间舞的教师，在他的身上积蓄了丰厚的民族民间舞蹈的素材。我们在《梁祝》这部舞剧里，充分地享受到了蒋先生在民族民间舞蹈的海洋里游泳的自由，无论是舞蹈的语言，还是情节的处理，抑或布景、道具的设置，都体现了中华民族文化内涵的深厚，以及民族民间舞蹈艺术的绚丽灿烂。而这些都融化在人物和剧情的发展中，运用民族的情感、民族的语言，做到挥洒自如、融会贯通，这是需要扎实的基本功的，更需强烈的、坚定不移的民族情怀的。蒋先生身处中西文化交汇频繁的香港，力主民族文化的弘扬，在《梁祝》舞剧上作出了示范性的创作，真是令人钦佩。

这次的香港之行收获不小，《梁祝》给我们留下了不可磨灭的印象，让我们亲身感受到了观看一部好作品时的欣喜和兴奋。

（原载于《舞蹈》2002 年第 2 期）

舞动记忆 历史回眸

——回顾中国民族民间舞蹈教育 20 年

潘志涛

作为中国唯一的一所舞蹈高等学府，北京舞蹈学院走过了整整 53 个春秋。她的历史在一定程度上也是新中国舞蹈教育发展的缩影。其中，学院下属的中国民族民间舞学科是中国舞蹈艺术发展中不可或缺的重要组成部分。从诞生新中国第一批中国民族民间舞蹈教员，到撰写出学科第一部教材，从编创出学科第一台专题晚会，到今天成为我国唯一集表、教、研、编四位一体，涵盖本科生、研究生一体化人才培养模式的中国民族民间舞蹈教育机构，可谓成就突出、硕果累累，为中华民族的舞蹈事业发展奠定了坚实的基础，做出了开创性的贡献。一项事业在前进的同时，也需要适时进行回顾与反思。作为首位中国民族民间舞系领导与教授，结合自己 20 年的亲身经历，在此谈谈自己的所思所想，希望能够对学科的当下发展提供一些值得借鉴的经验，为学科的未来提供一些不同视野的新思路。

一、教学——学科构建的起始

中国民族民间舞的学科建构有几个关键性的阶段：一是 20 世纪 40 年代开始，老一辈的舞蹈家戴爱莲、吴晓邦、盛婕、彭松、贾作光等先生深入民间收集整理乡野之间的舞蹈，并在 1946 年的边疆音乐舞蹈大会上作了表演，迈出了中国舞蹈发展的第一步。二是 1954 年北京舞蹈学校成立后，盛婕、彭松等前辈第一次将中国民族民间舞纳入了专业舞蹈教育的殿堂，但受当时苏联芭蕾教育模式的影响，中国民族民间舞只能陷入"代表性"中国民族民间舞的尴尬境地。那时学校的中国民族民间舞，基本以尊重原生态的形式为宗旨，课堂内容大抵是纯中国民族民间舞蹈形态的原样照搬。三是 80 年代以许淑媖教授为首的舞蹈教育家们将"元素教学法"引入课堂，对原始的舞蹈形态进行了大量的整理工作，提纯了中国民族民间舞中具有代表性、训练性、系统性、典型性的动作素材，使中国民族民间舞的课堂教学更为规范和科学。

从上述的发展脉络可以看出，学科的成立与建设，首先是要有一批做事的人。当然任何文化的传承与发展人是关键因素，对舞蹈这门以人体保存和传承文化的艺术更是如此。不仅要有民间艺人和舞蹈艺术家的传承，更需要有无数批承上启下职业化舞者的传承，这样中国民族民间舞才能世代延续、永恒发展，所以重视和发展教育，培养相关的人才是解决这个问题的关键，而教学承担了学科世代延续、后继有人的重任。

其次，学院的教学还具有中国民族民间舞蹈文化传承和保护的功能。民间的一些艺术精华必须提升到课堂才能变成一种典范化与系统化的规范，在学府中得到延续。因为民间传承和发展的舞蹈形式，因诸多社会因素缺少稳定性，加之现今的中国社会处在一个变革时期，在进行着工业化、都市化、全球化的社会变革中，作为非工业文明之前的舞蹈形式，在这种时代变迁的过程中，有多少能够被延续这都是一个问号。现今教材中的很多舞蹈动态在民间已经消失了，而我们仍继续在传承、研究。这对于保护和传承中国民族民间舞蹈是有意义的。这也是我这些年贯穿始终的工作思路。民间舞工作者要像当年的《诗经》、《汉乐府》那样，从老百姓那里、从民间土壤当中吸取养分，使其凝练到一定的高度，从而世代传承，吟诵至今。民间艺术的延续需要一个时空的转变，而舞蹈教学恰好是这样的一个承上启下的环节。因此，教学不但是人才培养的关键，也是民间舞蹈延续和传承的有效空间。

再次，教学自身教学与研究的性质，能够为民间舞蹈的传承和发展提供先进的理念和方法。民间传承的舞蹈，因其自发性、群众性、适应性的特征，缺乏一套系统而全面保障其有效传承的模式和方法，导致它对一些问题的坚持常常处于被动当中，这也是民间舞蹈的一个特征。当民间传承的舞蹈出现危机时，更需要有一种先进的理念和方法对之进行加工整合，这种方法无论是从"素材集合法"、"组合编创，法"，还是"元素教学法"，都会使得这种艺术形式能够更好的延续。在职业化舞蹈教育中，有一帮有能力也有可能认真对待这些事的人，他们有知识也有方法，经过他们的整理、挖掘，加工、编排，这些民间的艺术形式或许被经典化、主流化、高雅化，即便丧失部分土色土香原汁原味的特征，但它真正的被保存下来世代延续了。

综上所述：人才培养功能、传承与保护功能、提供先进理念和方法，成为中国民族民间舞蹈传承和发展的核心环节，也成为中国民族民间舞学科构建的起始点。

二、创作——教学凝练升华的转折

自 1987 年中国民族民间舞系成立之后，对于学院派中国民族民间舞的教学法则、课堂模式、编创规律等一直在进行着摸索、探寻、论证、研究。在完成了学院派中国民族民间舞的教材建设之后，对于如何形成学院派中国民族民间舞独有的舞台呈现方式就成为本学科建设的一项重要课题。

随着时代发展的进步，人民对艺术欣赏也提出了更高的要求。作品只有不断提升自身的艺术品位，才能满足市场的需求。这促使我们的教学不但要关注教材建设、人才培养，更要关注最后的舞台呈现效应。以前我们一直都是在半成品的生产中，只强调出产优秀的学生，不太强调出产思想、追求，具体的做事方式与方法以及相关的教材与作品，使得学生在学习中不能够得到更好的培养与锻炼，外界也不知道北京舞蹈学院中国民族民间舞学科的所思所想。

作为舞蹈永远都是以"表演"为中心的，而表演必须有剧目，通过剧目的创作，可以呈现我们对学科建设的反思，可以检验我们的教学，更是论证我们在传承与发展中国民族民间舞的理念与做法是否正确。在这一时代背景下，我们在创作方面做出了一系列的新举措。

90 年代初，在我们这一代领导班子的带领下，推出了由张继刚同中国民族民间舞系共同编创的《乡舞乡情》与《献给俺爹娘》的舞蹈晚会，在全国产生了重大影响，成为整个 90 年代民间舞蹈创作的先导。《乡舞乡情》这台晚会的出现，代表着"学院派"中国民族民间舞人寻找到了思想中的中国民族民间舞舞台呈现的一个点。而且我们必须要坚守中国民族民间舞自身的特点及其自身的审美取向。

当时正是全国舞蹈舞台创作比较薄弱的时候，尤其是中国民族民间舞的舞台创作，从民俗文化背景下衍生、生成的中国民族民间舞蹈，如何作为一种民族象征意义的审美形式呈现在舞台上；在当时的历史背景下是有困惑与迷茫的，《乡舞乡情》的出现，在全国范围内吹起了一股清新的中国民族民间舞蹈之风。舞蹈并没有用华丽的服饰及舞台布景来修饰，始终坚持着以百姓淳朴的形象出现在观众面前。从当今的眼光去回顾那台晚会的经典作品时，我们可以看到他们都带着一种跨时代的意义。其精神内涵是对高层次文化的追求。整台晚会在表演风格、民俗文化特质的呈现、晚会的语言组织和结构组织方面，都蕴含了我们对民族中国民族民间舞的一种追求与理想。

《献给俺爹娘》这台晚会在民族情感、民族性格、民族气派和民族风格的艺术表达上，得到了众口一词的高度称赞。它深刻影响了后来的舞蹈创作发展，也几乎可以被看做是自延安新秧歌运动以后中华民族精神在舞蹈领域的又一次昭彰。《俺从黄河来》、《黄土黄》等作品中或用大群舞构图中充满渴求力量的身影，或用浓烈的鼓声和激越的舞蹈形态，积极反映了中国开放初期人民群众从闭守心理到满怀期待的急切目光与冲动心理。

1994 年推出的《小白鹭之夜》留给舞蹈界思考的是关于中国民族民间舞蹈课堂教学和舞台呈现的关系问题。在这台晚会在创作的过程中，我们始终在寻找课堂教学和舞台创作的衔接点。也就是说在舞台上如何去回归民俗文化的氛围，并在这一个氛围当中去追求更适合当代舞台审美呈现的形式感与表现力。这种形式感并不是编导个人的创作结果，它应当是从属于民俗文化范围内的、符合民俗文化结构的形式。我们所作的努力《乡舞乡情》、《献给俺爹娘》、《小白鹭之夜》三台中国民族民间舞专场晚会，可以说是影响了一二十年来的中国民族民间舞创作态势和教学模式，也是当代中国民族民间舞发展史上的一个高峰。它们的成功之处在于坚持了中国民族民间舞自身的特点与特征，对中国民族民间舞本体文化"生存意识"上的体现，保留了中国民族民间舞自娱自乐的原生精神。在"继承—发展"的逻辑推衍基础之上，延续了"民俗—民间—民族—典范"这一发展思路。把广场中国民族民间舞上升为高层的舞台艺术，体现了具有审美高度、时代高度的中国民族民间舞蹈。

三、比赛——学科发展壮大的推动

教育事业的发展是需要检验的。特别是在舞蹈教育事业日臻完善之时，一个以比赛促教学的机制，不仅能够呈现教学成果，也能充分调动师生们的积极性。对此 20 世纪 80 年代，以我为主的北京舞蹈学院中国舞系的小班子，发起了"桃李杯"舞蹈比赛。当时的目的很简单，就是希望将比赛作为契机，一方面是团结中国舞系的广大师生对人才培养成果的检验，另一方面也是给各舞蹈院校提供一个学术交流的平台，共同促进舞蹈事业的繁荣发展。比赛一出现便产生了热烈反响。从初始表现传统教学剧目为主，到现今一批又一批新创作舞蹈剧目的推出，一批一批优秀的演员、编导与师资队伍的出现，可以说对中国民族民间舞学科建设、人才培养都起到了至关重要的推动作用，对之进行深度的分析对现今学科的发展有一定的建设意义。

（一）"桃李杯"比赛的动机

举办第一届"桃李杯"邀请赛时，中国舞正处于十分不景气的阶段，振奋一下军心，也是当时的目的之一。如果说，第一届"桃李杯"在古典舞方面进行了有益的探索，使古典舞教学体系初见端倪的话，那么在第二届中，中国民族民间舞作为独立的学科，确立了它在舞蹈教学中应有的地位。中国民族民间舞教学，从无到有的建设过程中有许多学术问题待于解决。我们当时的希望是能通过一届又一届"桃李杯"，使中国民族民间舞学科的"体系"日益完整。

初始时，"桃李杯"舞蹈比赛在评选奖项上始终坚持着十佳、八佳，而不设一、二、三等奖，目的就是为了适应、坚持中国民族民间舞舞种自身的特殊性。民间舞的特殊性决定了它不能简单以某一民族取胜为标准。从"首届中国舞桃李杯邀请赛"发展到去年的"全国文华艺术院校奖第八届桃李杯舞蹈比赛"，从一个小规模的比赛发展成为全国瞩目的大赛事，经历了很多的过程。由于这是七所院校共同作出的努力，"桃李杯"同时也成为中国民族民间舞学科形成的一个基础。

我们对于"桃李杯"有着特殊的感情，绝不仅因为我们是它的发起者。我们欣喜、兴奋，我们为"桃李杯"骄傲，是因为：每当比赛落下帷幕后，我们从它的结果中看到一批新人，看到一批优秀剧目，看到园丁们辛勤劳动的成果，同时也发现了问题，引起我们对未来更多思考。当比赛场上的"硝烟"淡散之后，当人们忘掉分数，冷静下来之后，产生的许许多多的回想、对比、总结，对推动中国舞蹈教育事业的发展是何等的重要。

"桃李杯"从"邀请赛"变为全国艺术的大赛，由 25 个代表队 150 名参赛选手，发展到现在全国各舞蹈学校近两千多人参与比赛。从这个数据统计中我们可以看出，这一创举的意义，也说明了我们事业发展兴旺程度，展示了我们雄厚的实力。像任何比赛一样，"桃李杯"也有它的缺点和不足，但我们相信，"桃李杯"的凝聚力不会因此而减弱，在充分总结经验之后，下一届会比这一届办得更好。

（二）"桃李杯"比赛的理念

在过去，随着社会历史进程的变化，中国民族民间舞创作也走过不同的时代历程，从 50 年代到 90 年代的舞蹈作品，不同时代的编导，对中国民族民间舞做出了不同的诠释与认定。虽说他们所创作的作品、素材选择、结构安排和创作模式有所不同，但是他们遵循一个原则，就是他们都被涵盖在中国民族民间舞自身属性之中。现今，如何在具体的编创技术、操作方法与创作走向上有别于前者，同时又被涵盖在中国民族民间舞定义范畴之中，成为了参赛作品的难点与焦点。为此组委会特意强调：现今中国民族民间舞追求的不是对不同时代中国民族民间舞创作经典作品的复制；也不是对 50 年代至今整段中国民族民间舞蹈创作历史的遗弃；更不是另辟蹊径找一种靠近西方创作模式的中国民族民间舞。而是在一种严肃的中国民族民间舞蹈创作状态下创作的作品，既能够寻找到传承过去，同时又具有时代精神与创新成分的中国民族民间舞作品。

随着国家对外开放的深入，西方文艺思潮大量的涌进，中国民族民间舞创作在对外学习与借鉴中曾经迷失过。经过一段痛苦而曲折的探索后，中国民族民间舞工作者通过不懈的努力，已经逐渐地在实践过程中寻找到中国民族民间舞的本质属性，那就是坚持走中华民族自身的艺术创作之路。

（三）"桃李杯"比赛的作用

"桃李杯"对于学科发展有着承上启下的作用。这里的"承上启下"是具有一定含义的。而这种含义不只是舞蹈表演层面上的呈现，最重要的是它具有一种"良性循环"的功能作用。它不但能够表现这一时期舞蹈作品及艺术家们的思想情感，同时我们可以通过这些作品反馈的意见，在舞蹈教学中找到答案，同时能够推动舞蹈教学的不断发展。所以说这种"承上启下"也可比作是一条维系在舞台与教室之间的"纽带"。

我们始终认为"桃李杯"的首要问题是学术问题，比赛应为教学服务。应围绕着教学进行。它对教学所起到的推动作用是不可低估的。作为艺术院校的比赛，"桃李杯"有着自己的个性和特色，失去为教学服务这个特色，也就失去了举办"桃李杯"的意义。若只是为了夺冠、争名次而参加"桃李杯"，那还不能算是真正的参赛者。

当中国民族民间舞作为一门独立的学科，确立了它在舞蹈教学中应有的地位后。我们希望能够通过一届又一届"桃李杯"，使中国民族民间舞学科的"体系"日益完整。在每次比赛结束后，我们都能听到不少意见和建议，有些意见应当说是很尖锐的。但正因为有了这些意见，比赛才变得更有意思，这之中所反馈的信息，应当说是"桃李杯"得到的无价之宝。

四、反思——学科传承发展的关键

孔子曰：学而不思则罔，思而不学则殆。在时代发展的今天，作为传统学科的中国民族民间舞，会面临着很多发展中的问题与困惑，特别是在都市化、全球化、工业化进程中，如何传承发扬民族舞蹈文化，是一个新的课题，同时对学科的未来走向也必须加以反思，所谓研讨过去才能面对未来。对此我作为一个中国民族民间舞学科的开拓者、老教授有几点想法。

（一）成立中国民族民间舞舞蹈学院

中国幅员辽阔、文化悠久。这么丰富的资源我们怎能只要求停留在现状呢？这种状态又怎能满足中华民族上下五千年所生生不息的悠久文明呢？这是值得思考的问题。事实证明我们绝不能停滞不前，因为，中国民族民间舞是观念的产物，是民族文化主体精神的结晶，它是一个流布广泛、种类繁多、风格各异的文化集合体，从某种意义上说，它呈现出了主体民族"根性"文化精神的多元载体特性。所以说，单一的中国民族民间舞学科是不能够满足我们对中华诸民族悠久文化积淀的阐释。另外，从目前中国民族民间舞学科的发展状况来看，中国民族民间舞系从建系到现在，仅仅走过二十几个春秋，但已经成为了学院的重点学科之一，它不仅拥有一批德高望重的舞蹈教育家、教授，同时还培养出了许多优秀的舞蹈人才及舞蹈教育家，这些创举代表着集体智慧的结晶，共同努力的结果。基于此，我们不得不大胆地去做一些设想与尝试，应该成立中国民族民间舞蹈学院！这样可以形成具有一定规模、专属的民族文化机构。这种设想完全是处于对中华民族几千年历史的责任，一种对民族舞蹈事业的抱负。我们所要做的是对非物质文化遗产的保护、利用与开发。我们抱着这种想法现在发起了中国舞蹈博物馆的建设，期望能够通过努力保存、传承、研究、发展中国最优秀的民族舞蹈。只有通过对本民族根性文化和意识的不断发掘，不断研究，我们的中国民族民间舞蹈才能冲出国门，走向世界。

（二）如何复兴中华民族舞蹈文化

如果我们不能正视近百年的民族屈辱，就会使我们丧失信心，丧失对于强势文化的一种把握。我们不能一味地认为西方才是文明，西方才是先进，西方才是科学。中国只在漫长的前进过程当中，曾经有过一段时期的民族屈辱，其实在整个人类的发展史上，中国始终是站在世界前沿的一个位置上。

中华民族的复兴，主要体现在中华民族文化层面上的复兴。所以我把它定位在"中华民族文化上的复兴"，它的意义远远超过了文艺复兴的意识与理念。中华民族要有一个强势文化的意识，要有一个想法来影响世界，使整个世界都变得和谐。中国的文化中讲究的是一个"道"字，而这个"道"又与"仁德"密不可分，落到实处便是个中庸之道、中和之美。所谓中庸就是"有分寸"，所有的事情要做到恰如其分，目的便是为了和谐。我们要让全世界的人们清楚地认识到，能够延续五千年的中华民族价值观念所存在的意义。不能说急功近利，把所有的事物都做到极限，把资源耗尽。我们要发扬中华民族的特有的价值观念——树立以人为本的科学发展观，构筑有中国特色的和谐发展观。这是中华民族一向的主张。这就是中国人民的民族性，包含了深厚的道理。中国民族民间舞蹈可以说是这种理性的忠实体现者。无论哪种形态，都呈现着内在境界上的大气与恒定。这也正是我们所要探寻的东西。

随着时代的变迁，我们已经跨入了经济社会的时代，西方文化思潮的大量涌进。我们要更加注意加强对本民族辉煌文化上的认知，而我们现在的这种意识比较脆弱，经常会被西方文化、现代主义等等所影响。殊不知，我们自己悠久的文化遗产、文化观念才是最可贵的无价之宝。所以，我们作为一名中国的艺术工作者，无论是中国民族民间舞蹈的教育工作还是中国民族民间舞蹈的研究工作，都应该将我们的民族文化通过艺术的方式，推向全国，走向世界。让世界从新审视中华民族的可贵性。当有一天全世界的人们都在关注中华民族的文化时，便已是我们国家的文艺复兴来临之际。

结　语

这二十年来中国民族民间舞系是一个"从无到有"的过程，这些探索与尝试都标志着中国民族民间舞蹈的发展已经处于一个良性的循环状态，目前已经发展成为了全院重要的一个学科。从发展的潜质上来看，都能够预见将来的发展是有过之而无不及的。因为，当我们站在黄土高原，亲眼目睹的是那土中"走"出的威严而不屈的兵马俑方阵，体会到的是诸民族生生不息的中华文明。从这一点，我们开始追溯，中国民族民间舞的"根"是要向历史、向民俗、向民族精神要答案的，是从老百姓的身上提取而来的。更多地从他们身上去挖掘，方可体会中国民族民间舞蹈的精髓以及发展的趋势，这也是我们一直以来的主张。

我成长在北京舞蹈学院，也工作在北京舞蹈学院。在中国民族民间舞系的二十年，我将自己毕生的精力都奉献给了中国民族民间舞蹈事业。这在我的人生中是一段漫长的时光，但在民族舞蹈事业的发展长河中这又是何其短暂。我能做的事情只有这些，但我想做的事情还很多很多。我每天都在要求自己要更努力一些，争分夺秒地与时间赛跑，多做一些于国家、于民族有意义的事情。我衷心地希望有更多的人支持、关注这项事业，也期望我们的民族舞蹈事业能够永远常青。

（原载《北京舞蹈学院学报》2007 年第 4 期）

"自然的我"与"人民中的我"

——中国民族民间舞的今天与明天

潘志涛

【内容提要】中国民族民间舞按照词义在人们的脑海中一直是与中国民俗舞或者群众性自发的非职业化舞蹈联系在一起的。事实上随着时代的发展，它的内涵与外延一直在拓延，除了民间尚存的舞蹈形式外，也有了都市舞台与艺术院校课堂中的民族民间舞，而这两个层级传承展演的舞蹈形式，现已成为国内主流文化与高雅文化的一部分。这种转变见证着民间艺术向民族艺术的过渡，也透射着从"自然的我"向"人民中的我"的提升。

一提起民间舞，人们总是将其与"民俗舞"，或传统乡村社会节日庆典中，群众所传跳的那种自娱自乐的舞蹈形式联系在一起，甚至有民间舞等同于"原生态"的说法。对于艺术院校课堂或文艺院团舞台上传承的民间舞，在概念和属性上，学界几乎没有一个统一的标准，也很难达成有效的共识。中国民族民间舞是什么，需要一个清晰的说明，在对过去概念进行解释的同时，也对今天的概念展开分析，更对明天的概念进行建构，从中梳理与中国民族民间舞的本质，预测其未来的走向。

一、中国民族民间舞概念解读

民间舞，《中国舞蹈词典》解释道："民间舞，舞蹈种类之一。由劳动人民在长期历史进程中集体创造，不断积累、发展形成，并在广大群众中广泛流传的舞蹈形式。反映着劳动人民的生活和斗争，以及他们的审美情趣、思想情感、理想和愿望等。由于各民族、各地区人民的生活劳动方式、历史文化心态、风俗习惯、自然条件的差异，因而形成了不同的民族风格和地区特色……其总的特点是1. 载歌载舞，自由生动；2. 巧用道具、技艺结合；3.

情节生动，形象鲜明；4. 与民俗活动紧密结合；5. 自娱性与表演性的统一。"

从上述的概念中可以看出，词典中，民间舞的概念是与民俗舞，或者群众性自发的舞蹈紧密相连。当然这种民间舞蹈形式今天依旧是中国民族民间舞的主体，有着巨大的份额和强大的生命力。

随着时代推演历史发展，民间舞概念的内涵与外延逐渐地发生着变迁，特别是20世纪因政治和其他一些原因，正如我院青年教师慕羽在她的《中国当代舞蹈创作与研究——舞动奇迹三十年》一书中所言："戴爱莲、康巴尔汗等人对民间舞蹈的开掘目的性有所不同，前者是挖掘民族文化，寻找中国舞蹈之根，并进行个性化创造；后者是政治宣传。戴爱莲把舞蹈创作、表演的艺术水平和对于传统舞蹈文化的研究放到了重要的位置上。不过殊途同归，都是把中国民间舞蹈艺术化了，一个走进了都市舞台，一个走上了革命宣传的艺术舞台，而且也都有时代的进步意义，集中表现的就是边疆音乐舞蹈大会和延安新秧歌运动，两者是紧密联系并相互呼应的。"

由此可见，中国民族民间舞在这一时期已经开始了非民间化的发展与改造，中华人民共和国成立之后，这一趋势进一步加速。例如新中国成立伊始，在新中国的舞台上，中国民族民间舞作品几乎占据了半壁江山。尤其在50年代，继承和发展民间舞蹈遗产成为舞蹈工作者的指导性方针，出现一大批在原有民间舞基础上加工改编的作品。例如像《红绸舞》、《荷花舞》、《鄂尔多斯》、《快乐的啰嗦》等。与此同时，北京舞蹈学校、上海舞蹈学校、沈阳音乐学院、中央民族学院舞蹈系、解放军艺术学院等一批从事职业舞蹈教育的艺术院校先后建立，中国民族民间舞又在艺术院校的课堂里生根发芽，并开花结果，由此奠定了民间—课堂—舞台三个空间传承的学院派中国民族民间舞。

对待民间传承千年的民间舞蹈，学界对其概念和定义没有任何争议，但对于艺术院校和文艺院团的中国民族民间舞，部分学者提出了质疑，并开始担心这部分民间舞的民间真实性，并提出舞蹈像不像原来民间的东西，它受不受本民族的承认和欢迎等类似的问题。有的学者则干脆将这种民间舞阐释为演艺性民间舞，指的就不是民众自发参与的，而是舞蹈家自觉创作的课堂与剧场艺术。并大声疾呼"所谓民间舞，其实并不民间"。

当然有的学者也能理解这种变化，诸如北京舞蹈学院袁禾教授撰文写道：

"剧场民间舞已经具有独立于民间文化之外的文化属性和审美属性，是一种取自民间，经过提纯化、高雅化、理性化、规范化、技术化、审美化的产物……在这个改造过程中，原生态民间舞经受了一个文化过滤和异文化输入的过程……中国舞台上的民间舞，最终没有将民间文化作为自己的文化依靠，而是在时代精神肖像的艺术创造使命下有意无意地改变了原有的农民文化属性。从舞蹈品种建立的视角，这种改变无可厚非。"

由此可见，中国民族民间舞概念的内涵与外延一直是在变迁的、发展的，需要用一种动态的、发展的、变化的视角来看，昨天的民间舞与今天或明天的中国民族民间舞很有可能在性质和内涵上不再相同，需要对已经职业化或民族化的中国民族民间舞进行一个深度的分析，不但要对今天的中国民族民间舞进行分析和定性，也要对明天的中国民族民间舞进行预测和构想。

二、中国民族民间舞的"今天"

（一）广场中国民族民间舞的新态势——第 29 届奥林匹克运动会开幕式仪式前表演

以前常说的广场民族民间舞，即前文《中国舞蹈词典》对民间舞的界定，大多是集广场性、群众性、自娱性、功利性为一体的舞蹈形式，不以表演为最终目的，而以抒发自身感为目标。但如今，广场民族民间舞自身的功能意义也在发生着改变，可以说是对过去的一个提升。

例如笔者作为长期从事中国民族民间舞的工作者来说，有幸担任了第 29 届北京奥林匹克运动会开幕式仪式前表演的总导演，当北京奥委会筹备小组将这个任务交给我时，我认为既然有这次绝佳的机会，就要展示出我们中华民族最优秀的文化，做的不是一台所谓的为奥运开幕式的暖场、垫场表演。

经过一年的构思，创作团队一致认定最具有代表性的、最能够在这个时空展现中华民族文化精髓的，就是我国 56 个民族各具风格的民族民间舞蹈。在 2008 年 8 月 8 日，我们在鸟巢向全世界 40 亿人民展示了中国现存的民间广场形式的中国民族民间舞。

在短短 1 个小时 35 分钟的表演里，近 4000 名演员表演了 28 个节目，他们来自全国 25 个省、自治区、直辖市，香港、澳门特别行政区还有来自我国台湾的高金素梅表演团队，包括汉、蒙古、藏、回、维吾尔、彝、土家、羌、朝鲜、苗、满、土家等数十个民族，是九州民俗的精彩画卷，中华文化的绚丽篇章。这场表演使所有在场观众为之震撼、深受鼓舞。将原初民间广场的舞蹈形式，搬到那一刻全世界聚焦的鸟巢体育场，用一种民俗民间的舞蹈形式展示当今蓬勃发展的中国，展示中国人民的时代风貌与爱国热情，此时的民间舞蹈发生了质变。

所以，即便是民间的民俗舞蹈形式，今天也可以走进大雅之堂，也可以成为一个国家或一个民族的文化表征，并与原初停留在桑间濮上、田野地头民众自娱自乐的形式拉开了距离。可以看出，只要有一个合适的机会与合适的空间，民间的舞蹈形式就有可开掘的潜力，就有可能从民间的形式，转变为民族的符号，北京奥运会仪式前的演出印证的就是这一事实。

（二）民间舞蹈传播、雅化的另类空间——"学院派"中国民族民间舞

民间的舞蹈形式走向艺术院校的课堂，是随着新中国舞蹈教育的创建而开始的，特别是 1954 年北京舞蹈学校成立后，盛婕、彭松等前辈第一次将中国民族民间舞纳入了专业舞蹈教育的课堂。虽然当时受苏联芭蕾教育模式的影响，陷入类似芭蕾"代表性"的中国民族民间舞多少有些尴尬，首次教授的教材，也会因以尊重民间原生态的舞蹈形式为宗旨，多少显得有些简单、单调，但这却是中国民族民间舞在艺术院校传播的第一步。

时间进入20 世纪80 年代，以北京舞蹈学院许淑嬅教授为首的舞蹈教育家们开始将"元素教学法"引入课堂，对原始的舞蹈形态进行了大量的整理工作，提纯了中国民族民间舞中具有代表性、训练性、系统性、典型性的动作素材，使中国民族民间舞的课堂教学更为规范和科学。传承课堂的教材具有自己独特的生存空间和审美价值，由此拉开了中国民族民间舞高雅化、主流化的进程，这一趋势延续至今。

自此以后，学院派的中国民族民间舞与民间原生态舞蹈形式拉开了距离，虽然两者有其文化承接的因果关系，但已被划分为不同的文化范畴。中国民族民间舞从乡村广场进入院校课堂的过程，也是民间的艺术形式被经典化、主流化、高雅化改造的开始。

（三）主流文化、民族舞蹈的表征——舞台化的中国民族民间舞

有学者认为，"自 1942 年延安文艺座谈会召开以来，我国的民族民间舞

得到了划时代的发展"。换句话说，自从那个时期开始，我国的民族民间舞从民间状态向主流艺术迈进了，不仅被节目化，被剧场化，也被主旋律化了，成为时代特征的载体。例如中华人民共和国成立60周年所创编的大歌舞《复兴之路》之中的中国民族民间舞，就是这样一个案例。

2009年10月1日，是中华人民共和国成立60周年的节庆之日。在这样一个举国欢庆、与世同欢的日子，以张继刚为总导演的庆祝建国60周年大型音乐舞蹈史诗《复兴之路》于人民大会堂公演。笔者作为史诗的舞蹈部主任，参与创作、排练、演出的全过程。

《复兴之路》共有《山河祭》、《热血赋》、《创业图》、《大潮曲》、《中华颂》五个篇章，其中第五篇章《中华颂》就是以中国民族民间舞来表现当下各族人民在中国共产党的领导下，团结奋斗、和谐发展的场景。整个篇章由蒙古族歌舞《吉祥草原》、维吾尔族歌舞《葡萄熟了》、回族歌舞《金色的汤瓶》、壮族歌舞《铜鼓敲出壮乡情》、藏族《彩虹儿女》、朝鲜族歌舞《好光景》六个民族舞蹈组成。

从这个案例可以看出，能够代表国家行为和主流意识形态的《复兴之路》，将中国民族民间舞放在一个压轴的章节演出，可见该舞种表征的文化内涵和蕴含的象征意义。一个可以被拿来表述革命历史，体现国家繁荣、民族团结、政党功绩的舞蹈种类，此时很难将之与闲散自娱的民间群众歌舞联系在一起，它已经成为主流文化与民族舞蹈的表征。

三、中国民族民间舞的"明天"

（一）"民俗、民间——民族、典范"的脉络发展

按照字义的理解，民俗、民间是一种状态，是百姓间传承的挨家挨户约定俗成的一种状态。如正月十五耍龙灯、大年三十舞秧歌一样，是一种集体的、自发的、民间的状态。当民俗、民间的艺术形式经过类似汉乐府、诗经这样文化活动的整合、加工、改编、升华后，就成为一种民族的状态，而这种民族状态的艺术形式经过若干年的传承后便成为一种典范。类似今天的《红绸舞》，最初是在民间传跳，经过文艺工作者整理加工，变成一种代表汉民族舞蹈的形式，流传若干年，现又逐渐变成中国舞蹈的典范。

所以笔者认为民俗、民间—民族、典范不是两个截然对立互不相容的层级，而是随着时间的推延，可以逐渐交融互动的，诸如汉代乐府诗歌，汉王朝强盛的时候，从民间收集整理成一种宫廷文化，又随着汉王朝政权的倾覆，回归民间成为市井街头吟诵传唱的民歌俚语，历史就是这样循环的，文化也是这样发展的。所以今天民俗、民间—民族、典范的发展脉络，不是随发而想的一种感言，更是一种文化发展规律的通则。

当中国的宫廷乐舞在明清之后断流了，那么，今天的中国典范舞蹈又从何而来呢？当然它不可能是打着典范名义的个人创造，也不完全靠从文献史料上断章取义的有感而发。我认为最有说服力与最有可信度的，就是从人民当中来的，即从人民当中仍在传承发展的民族民间舞蹈中产生，当然这需要经过相当严格地筛选、加工、整理、凝练，只有这样才能够升华为所谓的"典范"。

当然典范也是发展的、变迁的，没有绝对的，不同时代有不同的典范，不同民族也各有自己的典范。例如在笔者看来，贾作光老师创作表演的"鄂尔多斯"，未来必然是一个典范。因为它不是个人突发奇想的产物，也不是断章取义的结果，是贾老师在蒙古族喇嘛寺庙学习大量的"跳鬼"（查玛）动作后，依据时代的审美特征发展变化而来的，有根有据，不仅影响着一代又一代的舞蹈工作者，同时也被人们反反复复地演绎和诠释，并反馈传播到人民当中，成为一种新的蒙古族民间舞蹈形式。

所以，笔者认为今天的中国典范舞蹈应该从人民中来，舞蹈工作者要学会身处人民当中，汲取人民的智慧和优秀文化，只有这样不断地下到人民当中，将从人民当中学会的舞蹈知识，巧思琢磨、凝练升华，才能创造真正的典范。因为任何中国的典范舞蹈都要有根据，都要取得人民的认同和共鸣。

（二）职业化、民族化的未来走向

中国民族民间舞如何叙写它的典范，如何延续它的辉煌，成为中华民族舞蹈的表征，又如何发展才有利于它的传承，是一个一直以来持续探讨的议题。针对该议题笔者认为有几点必须确立：首先，是对其职业化的强化。民间的舞蹈状态，无论如何的变化发展，只要还具有群众性和自发性，就很难成为典范，在现代社会被称之为典范的舞蹈，有时就是高雅化、都市化、主流化的舞蹈，中国民族民间舞要想成为典范，走职业化的道路是不能怀疑的，自然培养的演员也是能够在舞台上表现民族的、主流的文化符号的演员，而不是强调对民间艺人的模仿。

其次，要走民族化的路子。即中国民族民间舞要成为中国舞蹈的典范，必须先成为中华民族舞蹈的代表，成为现时期中国先进文化的一部分，只有这样它才能成为一种典范。对此这就要求任何民族舞蹈不可能原封不动的，需要变化、发展和创新，当然这一切都要有个度，而这个度要在人民的生活和实质当中去寻找把握。

再次，用中国民族民间舞打造中华民族舞蹈语汇。舞蹈的最高形式舞剧也应如此，近些年中国舞剧作品层出不穷，但很多无法让人记忆深刻，这是因为现时代创作的舞剧，最大的问题在于语言上的不确定性，即没有用本民族的舞蹈语汇来说中国的故事，自然就不那么印象深刻了。中国的舞剧需要有中国舞蹈语言特有的身体语言表演方式和表演习惯，例如一动肩便知是蒙古族舞，一动脖便知是维吾尔族舞等，这就是中国的语言，中华民族舞蹈的语言。所以中国民族民间舞要想成为一种典范，前提是它必须成为中华民族舞蹈语汇的代表。

结　语

对于中国民族民间舞常有人说它是俗文化。没错，它起始是俗，但走的是雅的道路，当然最终的目标是雅俗共赏，雅中有俗，俗中有雅。好比中国古文化中的阴阳关，阴阳两极循环往复。对于中国民族民间舞的传承与发展也是如此，它的高雅与平俗、民间与民族、主流与非主流也是辩证的。事实也如此，中国民族民间舞的过去走的是民俗、民间具有草根性，但今天却是职业、主流，走的是精英化，明天必将是高雅、民族，走的是典范化，这是不容置疑的。因为在中华民族多元一体的发展格局中，56 个民族不同形式的舞蹈成为中华民族的典范，这将是一个必然。

（原载于《舞蹈美学与舞蹈教育研究》，中央民族大学出版社，2011 年版）

《中国民间舞教材与教法》综述

潘志涛

这部教材所记录的，不是原始意义上的民间舞，因为它已同原生形态的民俗舞蹈大相径庭了。但它分明还是民间舞，因为它所呈现的和它所拥有的，依然没有剥离掉那些唯有民俗、民间、民族所独有的属性。于是，前后数十年（尤其近十几年），上下几代人，孜孜以求于一种事业，于是，便有了北京舞蹈学院的中国民间舞系；当代中国民间舞蹈文化的范畴，便出现了学院派民间舞——一处独特的风景。

大约是当年文艺思潮的启示，使我们对典型理论似乎情有独钟。因而当我们有意实施民间舞蹈的"学院派"计划时，很自然地就将它联想成了"这一个"，一个民间舞蹈大背景下的特例，一种典型；而当我们基本架构了这样一个体系之后，回省"这一个"，蓦然发现，还真的成就了一种典型！

———

这部民间舞教材是我们对民间舞专业化教育的观点实录，也包含了这种观点形成的"物质载体"。它是一种教学体系的忠实再现，宏观上体现为一种文化底韵，微观上表现为一种训练模式，是民间舞作为一门学科出现十几年来，理论与实践的一次总结。

这部教材绝非"空穴来风"，它有着相当厚实的文化积淀。早在20世纪三四十年代，我国老一辈舞蹈家吴晓邦、戴爱莲、贾作光、彭松等就已经开始关注、研究中华悠久的乐舞文化，并将民间舞的艺术化提上了议事日程；建国初期，华北大学艺术系对民族舞蹈工作者的培养和50年代的民间大采风，以及稍后的贾作光等老一辈舞蹈家所作的享誉舞坛的《鄂尔多斯》、福建"老三跳"（《采茶扑蝶》、《打鼓凉伞》、《走雨》）等中国民族民间舞作品的红火，都为专业化的民间舞蹈教育做了准备。1954年北京舞蹈学校（北京舞蹈学院的前身）成立后，盛婕、彭松、许淑英、王连城、李承祥、李正康、朱蘋、陈春绿、罗雄岩以及他（她）们的一群大弟子们：马力学、刘友兰、王立章、贾美娜、邱友仁、潘志涛、蒋华轩、邓文英、陈玲、张榆等民间舞教育家开始将中国民间舞纳入专业舞蹈教育的殿堂；但受当时苏联芭蕾舞教育模式的影响，中国民间舞只能陷入"代表性"民间舞的尴尬境地。但这毕竟是个开端，多少显露了人们重新审视民间舞蹈文化的观念欲求。而那时的学校民间舞，基本是以尊重原生态形式为宗旨的，课堂的内容大抵是纯民间舞蹈形态的原样照搬，虽然《拔萝卜》、《游春》、《格巴桑保》等已有了舞台表演的意识，但舞蹈观念还处于凭感知打天下的表层思维时代。

80年代起，整个中国的文化思辨状态渐入佳境，带给舞蹈界的，便是对本体与舞种价值的再认识。其中，"元素教学"成了整个舞蹈教育中最具冲击力的彪炳之举。中国民间舞，也因此而启动了厚积薄发的步伐。以许淑英、贾美娜、潘志涛、王立章、邱友仁等为代表的民间舞教育家将"元素教学"引入了课堂，对原始性的教材进行革命性的整理：从纯民间的风格、动态中提取了大量可以单独使用的动作素材，使其"元素化"，成为能够遣词、造句的语素。很显然，这个过程必然造就一个不同以往的结果，民间舞被"肢解"了；但民间舞的功能却被扩大了，虽然它看上去似乎离"民俗"远了些，然而却离舞台更近了。

也许人们天生喜好标新立异，课堂民间舞的叛逆行为，不仅勾起了人们思维的活跃，而且形成了一种时尚和气候，并因此埋下了一颗美妙的种子：1987年，北京舞蹈学院中国民间舞系正式成立了。随着一代代民间舞系教育专业本科生的出现，"学院派"民间舞的旗帜也传到了贾美娜、潘志涛以及更年轻的游开文、高度、明文军、崔华纯等一代人手中。如果说"许淑媖时代"注重的是民间舞的课堂品格和教材本身的整理、挖掘的话，那么我们则是延伸了这种精神，并开始探索课堂向舞台和艺术市场的良性转化。

局面的展开，也意味着带来了方方面面的问题，然而最棘手、也是最本质的，便是课堂民间舞的"发生"问题。民间舞系虽已走过了十几个春秋，但毕竟是一个新生的教育种类，以往的冷遇与漠视掩藏了极大的危险与挑战，人们一旦想要揭开"神秘洞穴"的边角，就会遭遇劲风的侵袭。民间舞"专业化"本来已是斗胆之举，还要搞所谓的"课堂民间舞"，难道还要越俎代庖不成？如此"妄为"，自然招得议论纷纷。然而同样沸沸扬扬的是，这个教学体系已经培育了一辈当代中国舞坛的扛鼎力士，成就了一批标明时代精神的典范作品。但成功并不表明问题的解决，相反更加深了解析的难度："学院派"民间舞，民间舞的"这一个"，意义究竟何在？它的属性是什么，到底有什么样的价值？都是我们亟待回答的问题。恰逢此时，这部教材的写作任务摆在了我们面前。

二

首先应该指出的是，这种民间舞是观念的产物，是民族文化主体精神的结晶，中国民间舞是一个流布广泛、种类繁多、风格各异的文化集合体，自娱自乐是它的原生精神，世代沿袭、结构松散是它的基本特质，从严格的意义上讲，民间舞不是一个居庙堂的艺术品。然而另一方面，中国舞蹈文化特定的历史状况，决定了主体民族"根性"文化精神的多元载体特性，呈现出来的就是："中国古典舞"并不是古典精神的唯一传导者；民间舞蹈，虽呈散沙之态，但却强有力地保存了民族文化的典型心态和样式，地域不分南北，品种不分优劣，层次不分高低，都有一种巨大的包容性和内在自足的宇宙意识，这是东方文明特有的气质。沿着这样的思维逻辑，我们开始悟出：原来纯然形式的民间舞蹈是深含了很多中国舞蹈的典范基因和艺术禀赋的；再加上它至今犹存的"活体"价值，我们似乎有理由推论——民间舞才是中国舞蹈的一个真正标识。

与逻辑起点相关联的，还有一种"生存意识"。在一般人的眼中：民间舞只属于民间，登不了大雅之堂；自古及今，民间文化也多处于边缘地位；至于舞蹈专业教育领域，民间舞蹈更多扮演的是一个"附属品"、"附带说"的角色，从未在意识里得到认同。这实际是人们观念滞后于时代而形成的误区。随着时间的推移，人们认识上的落差在逐步缩小，民间舞独立的品格也在逐步凸现，具体措施也在逐步出台。先是北京舞蹈学院教育系民间舞专业出现，继而是民间舞系诞生，表明民间舞作为一门学科存在，已得到了事实上的认可。于是，我们争取到了"生存"的权利，但这并不意味着难题的化解。有了生存权当然好，可要维护生存，并使其发展，则绝非易事！民间舞是传统深厚、古已有之的东西，而民间舞系却是从零开始的，既然已实现了从无到有的跨越，就不能无为而治，实现一个有作为的"有"，才是目的。这便驱使我们，必须严肃思考"生存"的意义。

生成了这样的民间情结，我们突然感到了一份巨大的责任。这是一种民族的情感，又带着厚重的历史和现实的期盼，因而深沉得让我们不堪重负。在无理论先导的情形下，回归民间去感受自然平衡，就成为唯一的落点；但"原生"的东西在形态上又很难满足我们的审美欲求。我们又开始向历史、向民俗、向民族精神要答案：当我们站在黄土高原，亲眼目睹了那从土中"走"出的威严而不屈的兵马俑方阵，感悟到傲立风云的身姿带给人的强烈震慑时，我们似乎从中找到了一个民族的文化着眼点。

我们意识到，中华诸民族所以能生生不息地延续自己的文明，完全是出于一种责任，一种对宗族、对先祖、对现世、对将来的承诺——延续人本意义上的人类追求：发现、发展人性，求得民族精神上的完整与圆满。中国人之所以称为龙的子孙，是因为每个民族成员都把自己看作一个真的龙种，所以心态上才能傲视群雄。不偏不倚，立身中正，嬉笑怒骂皆文章，讲究的是一个"道"字，而这"道"又与"仁德"密不可分，落到实处便是个中庸之道、中和之美。这就是中国人的民族性！看似意象性，实则包含了深厚的理性。民间舞蹈，可以说是这种理性的忠实体现者。无论哪种形态，或苍劲，或戏谑，或炽热，或温婉，但都呈现着内在境界上的大气与恒定。这正是我们所要探寻的东西。

我们终于理解了，民间舞蹈是一个情感、观念、信仰、文化交织的精神集合体，多种形态却具有整合而一的民族性和价值取向，高屋建瓴的人性主题是民间舞蹈的深层底蕴之所在。这暗示我们，民间舞不是简单的外形差异，它共性的审美内涵是可以宏观把握的，是可以提炼的、有导向作用的，是一个"活体"物质。是"活体"，就意味着它是经得起分析、综合、变化、发展的。循着这个思路，它的衍展完全有可能超越单一民族文化载体的界限，成为中华舞蹈文化生生不息的一条"根脉"，也许终将形成一条河流。这才是民间舞的生机所在，也是它可以"为我所用"的依据：一方面，这种"宏观民间舞"包含了足够的发生机制和元素周期率——动作发展基因，我们不仅可以提取典型动作，而且可以之为元素，举一反三，触类旁通，"重构"一种带有典范意义的民间舞。另一方面，这种"宏观民间舞"可以跨越传统与现代、继承与发展的鸿沟，打破雅、俗界线，直接关照人心，创造一种贴近时代精神、吻合思维状况、体现生命意蕴的民间舞蹈文化。

一种文化价值上的考定以及对这种考定的信奉，必然导致大刀阔斧的改革。

"实践是检验真理的唯一标准。"在廓清思路的前提下，我们首先选择了实事求是地做事情，而没有先期投入理性探讨，因而是反向运作的。如果说"摸着石头过河"是我们的精神支柱，那么不破不立，但不以"破"字当头，就成了我们的基本提法。

这里的"破"，主要有两点含义：第一，是对过去而言的，即是打破舞院传统的"苏联芭蕾舞剧教学体系"在整个舞蹈教育观念上的唯一性，也就是其泛化的程序与规范。因为民间舞的思维方式、审美取向与其他舞种有本质区别，这便决定了在教学观念和方法上，民间舞不可能延用西方的某种教条。客观上，也不存在"放之四海而皆准"的所谓教条。第二，对未来而言，我们的民间舞是一种兼容下的革命，是站在宏观的角度，带着今人的观点重新审视民间舞蹈文化的总体价值的结果。这种行为的目的，在于回归民间舞以人为本的本体文化意义，并赋予它一种现代化的艺术气息，而且通过这个过程，实现今人的再造与新生。这实际上是一个网络化的工程，我们先求的是一种横向发展的"点"效应，而不是纵向上的逻辑关系。犹如吊灯的触角，或是光盘界面的热键，激活每一个"点"，它都有能力拉动一条乃至数条线，再勾连起整个画面，最后完成一个完整的系统。我们现在正处于"点—线"的过渡之中，盲目性是无法避免的，但也并非漫无目的，因为我们不是每块"石头"都踩的！

三

这部教材在指导思想上的明确性，是界定我们"学院派"民间舞的最佳视点，它被概括为：一个点、一条线、两方面和一个方法体系。

一个点，是指以身体训练为基点，这是舞蹈作为人体艺术最基本的基础教育形式。但"学院派"民间舞的身体训练，是建立在身体运动对不同民族、不同地域所产生的不同舞蹈风格的反馈上以及对不同风格体现的适应能力上，这些舞者不是天然生成的，在学院里不可能像在民间的村寨中自然生成民间艺术家，因此我们强调研究上述风格的不同文化构成所产生出的不同的"动"

的原理与身体不同律动的表现之培养过程，在此基础上，逐步构成一种独特的中国民间舞蹈文化。这是形成"这一个"的关键。

一条线，指的是"学院派"民间舞在表现层次上的脉络，亦即对广场民间舞——课堂民间舞——舞台（创作）民间舞的逻辑递进关系的研究。这是中国民间舞始终的根本问题——民间舞在今天已呈相当复杂之象，它的内涵与外延到底是怎样的状况？上述这条逻辑线，就是我们的看法，也是我们教学中培养人才的学术思想线。具体做法是：在稳固"课堂民间舞"教研的同时，坚持以民间民俗传统为本的原则，对中国各民族传统的民间民俗文化做深层研究，以不断丰厚本学科的"根基"，并以此不断地对课堂和舞台民间舞的发展进行修正。我们教学的目的绝不在于回归民间状态，目的还是在舞台（创作）民间舞的探索上进行多层次、多角度、多方位表现空间的求证。

两方面，指的是以中国文化精神和当代艺术精神的研究为宗旨，也就是已经确立的以民族文化为体、以发展综合智力为重的教学思想。这是培养当代艺术人才必不可少的因素。

一个方法体系，是在整个学术和教学中所需的基础方法体系。它是一种由浅入深、循序渐进的方法体系，宏观上贯穿了以民间民俗传统为本；以民族文化为体；以发展综合智力为重；以培养基础技能为用的原则，微观上从"元素教学"入手，逐一结构动作元素的分解、裂变、合成过程，从而形成符合文化轨迹、体现文化走向的再造，提纯出民间舞蹈文化的规律。这种偶然中求必然的方法体系，具有较强的方法论意义，科学化、系统化的特征也是相当明显的。

不难看出，"破"的理念中朦胧地包含了我们的几点意识：

1. 民间舞蹈是一个多元结合体，不是单一舞种的文化传承，即使是专业化的民间舞蹈，学生的文化积淀也应该是多元的，其身体的适应能力也应该是多项的。这是符合实用原则的取向。

2. 我们民间舞的"这一个"，视角是专业性的。民间舞系的建立，面对的是一批职业的或即将职业的舞者，这种对象性更要求风格的概括性和表达的艺术性。所以，我们教材注意了两个方面：一是继承了各个民族民间舞蹈的训练功能性提炼，一是站在专业化的审美角度汲取现代人的表达方式，两者形成有机的融合后，生成了我们的"这一个"方式。

3. "实事求是"，是我们的核心理念。我们从民间、从前人那里承继下来的，是实实在在的东西，不矫揉，不造作，而且鲜活灵动，这是一种客观的文化现象；同时，民间舞蹈"你中有我，我中有你"的变化态势，又使我们时时感受到这种文化存在的合理性。我们那条"民俗—民间—民族—典范"的思路，是建立在对"继承—发展"的逻辑推衍基础之上的，是理性的必然。

4. 这种典范意义，表现在：我们的舞种选择，是对民俗、民间的原生形态的典型化的结果，生成的不仅是某类民族的代表性舞蹈，更重要的它们是整个中华民族代表性的民间舞蹈。这种东西，无疑是包含了这个民族主体精神与人体文化内涵——亦即"根性"意识的东西，自然就应该是具有典范性的东西。

5. 这种根性意识，就是积淀下来的民族传统文化观念。它是我们的精神主流，更是我们的发展动力。有了这个"根"的支撑，我们就可任意拓展"联想—想象"的空间，使我们的创造不至于貌合神离。有了它，我们就能辨别出什么不是民间舞的元素。具体说来，我们这部教材犹如一棵根深叶茂的大树，那土里的是民族精神，树干是显见的教材主体，一台台风格各异的"标题晚会"便是应用与求证教材的果实。

6. 这个教材，在给予学生知识的同时，更多的是给予一种方法，而非单纯的组合、动作的传承。它是一种探索性的体系，由点带面、以一当十，是这个方法的特征；注重舞蹈自身，接近本体，是这个方法的意义。在这个体系中，每个人都是一颗"思想"的种子，只要你把握了方法，就很容易接触到民间舞蹈的本质内容，达到会学而非学会的目的。我们注重学生多方面的可能性，培养的是能动的舞者，不是模仿层面上的匠人。在开发情商的潜力方面，民间舞优于其他舞种，这是我们的切身感受。

基于这样的思路与意识，我们派生出了汉、藏、蒙古、维吾尔、朝鲜五大民族、八个舞种、十六个细目的"学院派"民间舞教学体系。

四

这部教材，体例上似乎与以往并无多大区别，也是依着"动律—动作—组合"三部分的顺序构成的。但不同的是，本教材突出了重新架构的学院派民间舞"元素教学"的深化特征。换句话说，这部教材体现了"这一个"民间舞在动律的提取、动作的延伸、组合的归总上形成的一个以元素为核心交织延展的训练体系。

需要明确的是，教材中的民间舞，虽源于民间，但已然不是原生形态的舞蹈了。此外，与其他舞种相比，风格仍为本教材的脊梁，但它也是异化过的了，亦非"原生"的风格。我们的教学目的也不是还原于民间。这是舞蹈教育专业化的必然结果。吴晓邦先生在安徽花鼓灯的整理上给我们做出了示范，戴爱莲先生的《荷花舞》、康巴尔汗的《盘子舞》、贾作光的《鄂尔多斯》，都是提升民间舞蹈素材进行艺术创作的典范作品；房进激的《葡萄架下》、黄素嘉的《丰收歌》等，也是同一思路的力作。前辈的成功实践，是我们行动的基础。在此基础上的理性探索与教学试验，一方面收获了喜悦、积蓄了力量，另一方面，十几年的不懈推进，使我们认识了自身体系的价值。

首先，教材无论如何整理、加工、提炼，呈现出的东西，从形态到风格，再到心态、心理、审美情趣，都不能摆脱民间舞蹈的罗网。失去了这一点，就会迷失我们行为的属性。

其次，规范性、系统性也是教材不可或缺的属性。既然是教材，便是具有科学性的、可以量化操作的具体教学方法，它必须体现出对象的规律性，才能举一反三、触类旁通。具体说，就是从大量的民间舞原始素材中寻出具有典型训练意义的动作和组合，并以此为起点进行发展或创作，最终形成一套具备"元素"意味的训练体系。在这里，元素不再停留在单纯的表象上，而更多的是在认识元素的过程中，加强发挥元素的合成功能和辐射作用。这就是目前我们采用的基本方法。民间舞系推出的一系列晚会，是这一方法的结果。从《乡舞乡情》到《献给俺爹娘》，从《小白鹭之夜》到《我们一同走过》，再到《泱泱大歌》，都说明了在"民间—课堂—舞台"这条线里，元素的认识在教学与艺术实践的关系中所起的作用。"鼓子秧歌"教材里提炼的"抻鼓子"和"磨韵"，也是从素材发展到教材的明证。其实，这一"元素"走向在民间舞的创作作品中表现出更多的启发性：从毛相的《孔雀舞》到杨丽萍的《雀之灵》，便是一个从原生态到舞台升华的范例；从"鼓子秧歌"中提纯的"稳、沉、抻"的审美取向，实实在在地影响了一代"黄河派"舞蹈作品的产生。这样的元素教学，便凸现了"学院派"民间舞不同原生态的一个基本特征——动作性。"学院派"民间舞是源于自娱性而止于表现性的，是对原生态的一种审美把握，是以丰厚整个民族民间舞蹈文化内涵为取向的；

它是一种"介质",更是一种内容。既是一种静态,更是一种动态,民间舞从来就是在动态中发展起来的。

文化性和导向性,是民间舞"这一个"的核心"法门"。我们的教学内容既不等同于原始民间形态的舞蹈,也不表现为纯粹的创作活动,而是在典型与代表中国民族民间舞蹈总体精神风貌的基础上所构建起的符合中国民间舞学科建设规律的系统性的教材规范体系。其定位为源于民间,高于民间,既不失风味又科学规范,这是我们的追求。同时我们认为,民间舞教学不单纯是技术技艺的传授,更多的应是对综合知识的把握,尤其是对"人本"意义的把握,所以我们的民间舞是一种文化构成式的东西,是对人类学、民族学、民俗学、社会学等人文背景与文化心理定势的舞蹈化的开拓与阐发。这就是"学院派"民间舞的基本特质。而我们的"学院派",毕竟是民间舞的"学院派",因而它就不是孤芳自赏或束之高阁的。它的属性决定了它与社会生活的联系,它得之于民自可以还之于民,也可对当代中国的舞蹈文化起到一定的导向作用。历史与实践已经证明了这一点,这也从客观上肯定了"学院派"民间舞存在的学术与社会价值。

五

这部教材,是中国民间舞系建系十二年的实践积累和记录,它是在中专教材的基础上,经过几代教师的打磨、推敲,七八个本专科毕业班近六十个教学剧目的历练,和《乡舞乡情》、《献给俺爹娘》、《小白鹭之夜》、《我们一同走过》、《泱泱大歌》等十七八台专题晚会的摸索,形成了今天这副模样的。

本书由"基础训练教材"和"传统组合教材"两部分构成。其中的"传统组合教材",指的是有职业民间舞教育以来的民间舞教材组合的集成(多取自七八十年代)。它们确实经过了多年实践的检验,既有训练性,又有典型性,更不脱离系统性。它们稳定了民间舞教学的质量,同时标志了民间舞教学的审美取向。"基础训练教材"就是在传统组合的基础上,结合了元素概念形成的。

鉴于中国民间舞教学训练的递进关系,本教材由六个训练单元组成。排列顺序依次为:第一单元,东北秧歌、藏族舞;第二单元,云南花灯、蒙古族舞;第三单元,安徽花鼓灯、维吾尔族舞;第四单元,山东秧歌、朝鲜族舞;第五单元,传统组合教材(一),包含汉族民间舞的四大种类:东北秧歌、云南花灯、安徽花鼓灯和山东秧歌；第六单元，传统组合教材（二），包含少数民族四大民间舞蹈种类——藏、蒙古、维吾尔和朝鲜族舞。

本教材的主要特点，在于它包含了一种教法，其核心是强化达到民间舞风格的身体上的动点，以动感、动势、动律取代了对风格的把握，因而它是一部"动"的教材。具体说：①以训练步骤划分组合。横向上，给人一种教法上的提示，对民间舞达到一个综合的认知；纵向上，贯穿由浅入深的动作教学逻辑，组合间是一种递进关系。没有单一动作的训练，它们都被揉进了组合之中，你可以从单一组合中找到自己需要的训练目的。②组合后面附有提示，它是本教材的尺度，也是把握这个组合的关键所在。③本教材在技术手段允许的前提下，充分发挥文、图共享优势，使文字和图像资料可以交互运用，为读者完整地掌握教材打下了扎实的基础。

这部教材将告诉每位读者：民间舞蹈是一个民族文化观念的反映，民间舞蹈的逻辑内聚力产生于该民族的意识形态和文化发生机制。

"学院派"民间舞，是中国民族民间舞蹈完整体系中的一个重要组成部分（当然它不是体系的全部和所有，我们也更无意要达到这个目的），是包蕴着共性的一个个性特例，是典型环境下的典型产物。我们把它比作一架"桥"，既是沟通上下、古今、未来的枢纽，又是承前启后的转折，也是整个民间舞蹈文化历史进程中无法回避的一个环节。论及价值，它提升了原始民间舞，使其具备了舞蹈的本体意识，并在此基础上，促成了发展功能，激活了民间舞的经验、智慧和文化品位。论及形态，它是人体内外部技术的协调，即外在形体运动的协调和内在精神气韵的和谐。而这一切的背后，凝聚的便是那种"天人合一"的东方民族整体思维的理念，一种质朴达观、幽默炽烈、多元一体的精神。这是一个民族层面上的典型精神的产物，无疑具有典范价值。这种整合后的范式，就是我们中国民间舞的精神。

中国民族民间舞课应该怎么上？似乎不是一个话题，因为上了这么多年了，培养了这么多教师也塑造了如此多的学生，提出这个问题好像有点多余，但是深入一点来思考，其中可以研究的地方还真不少。1954 年北京舞蹈学校刚成立的时候，民间舞作为一门课程正式进入到舞蹈教学中，同时进入的还有古典舞、芭蕾舞、代表性民间舞三门课程。历史上先人们给中国舞蹈留下的文化遗产不少，但是如何教学、如何研究的遗产却是凤毛麟角。换言之，在当时的新中国，谁也不能预测中国的舞蹈教育未来应该是怎样，完全是靠当时初创北京舞蹈学校的前辈们用"摸着石头过河"的精神，一点一滴的实践积累，才使得中国民族民间舞蹈教育从无到有、由浅入深，形成了今天这等规模。

半个多世纪过去了，今天我们不仅有了自己系统的教材，也归纳了符合学科特征的教学方法，以及对学科现在和未来发展的认识，这首先要感谢前辈们给予我们的启蒙，更感谢他们赋予我们的宝贵经验，以及前期所做的工作，这是一笔不可计算的财富。当然躺在前人的成果上不思进取是不合适的，时代的变化、学科的发展也逼迫我们不能停滞于这样的探索，因为中国民族民间舞学科自身的文化厚度及其所包含的内容广度，要求我们"学无止境，研无终点"。中国民族民间舞的教育、教学、教材、创作、研究基本上还处在一个刚起步求发展的阶段，对比发展了四百余年的芭蕾舞，可以说是万里长征，才走出了第一步。

中国民族民间舞与中国古典舞同属中国舞，有很多相似的地方，更多的是不同，因为追求的目标、价值、方向都会因学科的定位而产生不同。中国民族民间舞最不同于其他舞种的地方，是它所具有的地域性、民族性、传承性，以及极为重要的群众性。因为这个舞种，来自于人民，自然也贴近人民、反映人民，所以创作、表现、撰写一些最符合人民生产生活、文化审美、精神追求的作品、教材，是决定中国民族民间舞这个舞种文化属性最为关键的地方。

在中国民族民间舞教学中，需要一些反思，作为一个职业化舞蹈教育或者学院派人才培养的目标走向，将民间民风民俗最能体现人民生活本质，表现其原初审美情调的舞蹈形式直接纳入教学，是不合适的，因为它不太适于职业化舞蹈教学的要求和规律，我们必须在这中间找到一条合适通行的做法。

对于民间的舞蹈形式极具特点和典型的东西要保留甚至弘扬，对待一些过于闲散不太符合教学规律甚至有些不雅的东西也要扬弃，在取与舍之间要建立一个"度"。中国民族民间舞需要不同民族地域舞蹈个性的张扬，但同时也不能忽略教学中共性的归纳，诸如民间的舞蹈形式吸引人们的是它的生动和活力，诸如即兴性、适应性、群众性等文化特性。而职业化或者学院派的教学，却强调的是规范性、系统性、训练性，当然不排除个性与创新的成分，但不能有随意和率性，这也是一个不变的事实，面对这样的看似不可解决的矛盾就需要我们用更高的智慧来探索来解决。

中国民族民间舞的教学从附中到大学，经过几代老师们的辛勤实践，曾经有过骨干动作的提炼，也有组合教学的推进，当中还有"龙族律动"的尝试，现在仍在继续的"元素教学"是历时最长的，有了近30年的实践历程，可以说是目前中国民族民间舞教学的主流认识。学院里的中国民族民间舞教师，从附中到大学都十分清楚"元素教学"的提法，是"元素教学"的热心实践者，也是"元素教学"的反思和批判者，因为探索是无止境的，而所有的实践都弥足珍贵。

今天我们面临的却是21世纪的巨变和日新月异的未来，社会在发生着深刻的变化，中国民族民间舞同样要直面这天天在发展着的世界。北京舞蹈学院中专教育已经走过50余年，本科教育也走过30多年，所以我们非常熟悉如何上中专生的课，也能够知晓如何有力地执行本科生的课，因为这是历史积淀留给我们的。但对于在北京舞蹈学院不过十余年的研究生教育，如何开设研究生课程找寻适合研究生教学的方式方法，却是今天我们必须探索的，因为套用中专与本科的教育经验及教学内容，针对文化层次更高、理解能力更强的研究生无论如何也不合适了。北京舞蹈学院作为中国舞蹈教育的引领者，一些试验和探索是必须要承担的，所以如何设计和建立研究生的中国民族民间舞课程，探索适合研究生的教学方法是迫在眉睫的事情，必须做也要马上做。

承担研究生教学工作，我已经有了多年的经历，最初授课都是以对本科生的教学方式来教，因为在探索初期，以已有的经验为基点也是情理之中的。但随着授课时间的延伸，不同专业的学生进入课堂，发现不仅本科的教育模式不适应研究生教学，教学的内容也要加以调整，即便是同样的本科生教材如何教、怎么教、教什么都是一个亟待探索的议题。特别是2010学年上的这堂"中国民族民间舞传统、典型组合课"的研究生公选课，一群来自全国四面八方不同研究方向的学生进入课堂，让他们既有兴趣又有收获同时还有反思，是一个不小的挑战。

这个情况首先让我想到的是按照以往的套路上课是不行了，必须从教材到教学方法进行一个大调整，也可以说是对自己过去教学经验的一次革命。

授课期间同时也在思考另外一个问题，即这堂课对中国民族民间舞的创作有什么影响，如何让学生们确立一个合适的中国民族民间舞创作理念。

创作作为舞台化呈现的东西，可以说是民间舞教育的最终走向，它是表演、教学、科研以及方方面面不同追求的集中体现。例如我早期主抓的《乡舞乡情》、《献给俺爹娘》这两台晚会，可以代表那个时代学科整体的教学水平、教育理念与发展走向。所以多年来我坚持认为，创作在中国民族民间舞教育中的重要性，把不好这个关，所有的努力都将片刻倾覆。

今天有这样的一群编导，学习西方特别是对一些现代或者后现代编舞技法学习过后，喜欢用解构和结构的方法来重组中国民族民间舞，我是一直不敢苟同这种主张的。如果将中国民族民间舞文化生成场景剥离，这就等同毁了这个舞蹈，如同彭松先生所言："这种创作方法，如同'元素教学法'，在追求其特有的系统性、训练性、典型性以及可操作性时，也将民间舞弄得断了气了。"我认为这起码是将中国民族民间舞"矮化"了，民间舞来自人民要接地气，要继承一些原有的文化模式和表达特征，即便随着时代改变，也还是要表达东方的、中国人特有的精神、内容与形式，这就是习惯上说的"源于民间、高于民间"的创作思路。

解构和结构的后现代方法，是现代文明社会的一种文化表达，是工业化、都市化以后的做法，用在生成这种文化温床上的现代舞也许很合宜，但是用在非工业文明、非都市化特征的中国民族民间舞的提炼、加工上就很不合适了。创作需要个性也要多元，在表演、教学、创作、研究等职业化中国民族民间舞的传承与发展中，坚守本民族地域舞蹈文化特征，保持不同民族地域舞蹈文化多样性，是这个学科存在和发展的底线，任何时候都不能动摇。

中国民族民间舞从民间—课堂—舞台，是目前该舞蹈发展的文化共识，也是我积一生的舞蹈经历认识到的一个真理。中国不同民族地域的舞蹈源自于各族人民，是人民群众的创造，是其文化生命的延续，故此我们对之加工、创新说到底也不过是一种浓缩、提炼或是提升而已，而不是大卸八块按照个人的喜好对之进行重组、变革、改造，做出一个四不像的东西。所以我认识到中国民族民间舞蹈发展应沿着"民俗—民间—民族—典范"这样一个进程路线，也就是说我们的起点是在民俗、民间的艺术活动之中，而我们的终点应是在民族与典型形象的塑造与确立上，当然这样来表述中国民族民间舞蹈发展的人，我不算是第一个，但如此明确旗帜鲜明地确认，恐怕这是第一次。

所以在授课的过程中，不但要教会学生如何学习中国民族民间舞的知识和教学方法，也要教会他们确认中国民族民间舞蹈的本质，即是传承与发展那些源于人民、活着的还在持续的舞蹈形式，不但要学习它们的动作，也要了解这些动作蕴含的文化意义，更要知晓其中的历史沿革与潜藏其中的结构规律，只有按照该民族地域舞蹈特有的文化规则与遗传基因舞蹈时，中国民族民间舞的传承与发展才有未来。

我就是按照这样的一个思路来授课的，在依据研究生自身特点进行教学方法和教学内容的调整以后，持续地灌输上述理念是我授课的又一要点。所谓教书育人，如果培育好学生做人做事的世界观与方法论，其他的东西也就是一个过程。这就好比鱼与水的关系一样，只要不脱离水，鱼怎么游都是合理的，因为它还是鱼。这一学年所取得的成果是建立在这一个坚实的基础上的。

本书是一本探讨如何进行研究生中国民族民间舞课程授课的读本，因为是由一门课生发出来的教材，在研究上、方法上有很多的不足，这是意料之中的。作为中国民族民间舞学科，2003 年第一批研究生入学，至今不过几年历程，与之配套教材的稀缺，是不争的事实，所以，许多事情先要有人做起来。在没有前人或者可参照的做法之前，摸着石头过河进行授课经验总结，撰写一部教材也是一种必然。

这本书里的案例，主要是我带的几位研究生的文章，他们是三年级的吴少卿、钟冰洁，二年级的付宜玲、张然、杨紫瑶以及刚刚一年级的周狄、张晶雪、胡佳慧、吴绚婷等。他们在读研期间上了不少其他导师的课，除了必要的学分要求，这些课程也使他们在专业及理论学习上大有长进。当然，对我的课更为关注和潜心认知，我也鼓励这些同学多对自己身边的导师和教学关心，以至研究，作为他们对舞蹈真正开始展开研究的基础。其他学科的研究生们也对民间舞专业课兴趣盎然，这些同学的热情更触发了我为普及民间舞，提高各界对民间舞认识的激情，所以对这些同学们的课后笔记也部分地收进了本书，无非是锦上添花的愿望。

总之，该教材写作以学习该课程的研究生为主体，他们学习后的感想，是教材的核心内容，也许会有人对之嗤之以鼻，但这本身也是一种新的尝试，因为学生们这种切身实地的体验是真实的，也是非常具有实践价值的，是实践中理性的反思，相信会对学科未来的研究生教育产生深远的影响，有相当的参考价值。

（原载于《中国民族民间舞教材与教法》，上海音乐出版社，2001 年版）

《文舞相融》序四

潘志涛

北京舞蹈学院建院 50 周年之际，中国民族民间舞系推出《文舞相融》教师论文选集。这是件有历史价值的事。从舞院有民间舞教研室开始，组长盛婕、彭松老师，一直到今天刚毕业留校的青年教师，可以说民间舞精神确实是代代相传、血脉相连。今天，中国民族民间舞系收集了自建校以来的民间舞（科）系教师的各类著文，计有 90 余万字，可谓洋洋大观！这实在是一件旷世未有的大事情。名不见经传，俗不登大雅的民间舞，居然也有这许多文字面世，足见俗也有雅的一面。

其实，从事民间舞的人不太多写字，也不太多说话，但特点是活跃、欢实，做人、做事都一样热情四射，后果也不大去计较。任何场合有他们在，一定热闹。所以，会有人批评民间舞不像古典舞，但也幸好不像，否则这世界就单调了。

正因为民族民间舞的这点热诚和生气，才有了民间舞学科这蓬勃发展的局面。当然，写文章、著书立说不是图热闹、凭热情便可以成气候的，那是一定要谨慎而冷静的。除此，更重要的一点应该是言之有物、说之有道。民间舞人虽不善辞令，但写出来的文章掷地有声，鲜活有趣；不说力透纸背，确是惜字如金，且多有可圈可点之处。

我在任十年，着力推出了几台民间舞的专场节目，以图证明民族民间舞学科存在之必要。明文军在任的几年中，就有了一本教材与教法的教科书和两本本科毕业论文集，总结了自有民间舞系成立以来的教学成果，还因此荣获国家教学科技成果二等奖，北京市教学科技成果一等奖，零被突破了。以后便一发不可收，赵铁春继任民间舞系，仅 2004 年一年就有四五本书同时刊行，这个进步就大了。长江后浪推前浪，后生可畏啊！

有了这种进取的态势，更凭了半个多世纪以来所奠定下的基础，相信中国民族民间舞事业的可持续性发展必将有着无比广阔的空间。十年前、二十年前，都曾有过一拨儿轻狂的人预言民间舞是要灭亡的，他们是不会想到有今天这一刻的。走自己的路，一直走到全中国的人都自信地说那是祖先留给我们的民族舞蹈艺术，是我们引以为豪的文化。我深信：中国民族民间舞蹈的文化与教育事业将继续下去，与亿万人民同在，与日月山川共存。

（原载于《文舞相融》，上海音乐出版社，2004 年版）

《桃李无言》前言

潘志涛

于大雪的一幅照片吸引了我。当然，首先是因为照片的主角是我。但吸引我的主因还是看到照片后的瞬间得到的震动吧，这只有舞蹈圈里的人才能抢拍到的那一瞬间。于大雪他懂得这当中的节奏和生动。

于大雪，首师大的一名青年教师，今年不过三十出点头，少时出生在中央民族歌舞团的大院里，父母都是演奏员，他和他的哥哥嫂嫂及新婚的妻子却都是舞蹈中人。摄影只是他的业余爱好，无论他到哪儿，都背着沉沉的包，里面装着的就是他的宝贝相机，走到哪儿，拍到哪儿，见到什么就拍什么；而走来走去，周围的人也都是一水儿的跳舞人。加上他的脾气、性格也如他的专业，跳来跳去的无一刻的安静。高兴的时候多，不高兴的时候少，看起来总是兴高采烈、无忧无虑的。可是当拿起他的照片集仔细看时，会发现其中蕴含着少有的品位和韵致，相信这绝不仅是会蹦蹦跳跳的人做得出来的事。可贵的更在于他的相机记录了几代舞蹈人的勤奋，照相机的镜头充分反映了于大雪的视点、视角，还更反射出了他在镜头和快门中体现出来的敏感和敏锐。

书里的照片都是"桃李杯"中的人和事，于大雪感兴趣的是一群舞蹈院校中的学生和他们背后的老师。这些老师几乎都是"桃李杯"舞蹈比赛的幕后人。

第一届"桃李杯"舞蹈比赛是1985年的夏天举办的，24年过去了，今年夏天该举办第九届了。初办时，是由北京舞蹈学院中国舞系发起的，邀请了中央民族学院艺术系、解放军艺术学院舞蹈系、沈阳音乐学院舞蹈系、上海舞蹈学校、四川舞蹈学校和广东舞蹈学校等，当时称为七大舞蹈院校一起来创建"桃李杯"。这样的舞蹈比赛在此前国内外都未曾有过，比赛的方式、内容和结果都与众不同，真正的是一项全新的事业。现在中央电视台举办的CCTV舞蹈大赛几乎就是"桃李杯"的模式，只是观众看到的都是演员和节目，很少能看到他们身后的老师，"桃李杯"却在二十几年里造就了一大批优秀的幕后人，正是这些幕后的老师们让舞蹈人桃李满天下。

于大雪的照片里都是这些甘当人梯、是学生们要感激终生的良师益友。于大雪自己也是从"桃李杯"里成长起来的舞蹈人，他深知"桃李杯"里面的喜怒哀乐，饱尝其中的辛酸苦辣，正是这些刻骨铭心的感受，让他端起镜头对准的是他最感激的、他最深爱的、他最钦佩的老师们。现如今他也是首都师范大学舞蹈系的一名舞蹈老师。在奥运期间，于大雪担任开幕式仪式前表演的执行导演，他的学生们就在他办公地——开幕式运营中心的旁边做志愿者，只要有空，他就惦念着这些学生，会抽时间去看望他们，充满了老师对学生的一种关怀。曾经的学生，现在的教师，这种双重的感受致使于大雪的照片透着细致而又不可言传的韵味。他又是在艺术圈里浸染成长，探索舞蹈里的奥秘恰是他的擅长之处。这些因素加在一起，就是我们看到的，却又是很少看到的一幅幅生动而逼真的画面，即舞蹈老师们的群英像。他们也曾在舞台上驰骋，精彩纷呈，如今，在排练厅、课堂中仍光芒四射。

于大雪现在是一位舞蹈教师，他的摄影还只是一项业余爱好，他成就的这本影集，不是一般的写真集，也不能看做是摄影作品，准确的定位好像应该是一位舞蹈人在"桃李杯"舞蹈比赛中的生动记录。

（原载于《桃李无言》，河北教育出版社，2010 年版）

《中国民族民间舞教学法》前言

潘志涛

北京舞蹈学校 1954 年建校，是新中国历史上第一所舞蹈学校，20 世纪 70 年代末改名为北京舞蹈学院。今天，它已成为世界上规模最大、专业设置较全的一所舞蹈大学。我们作为这所学校最早的毕业生，看到母校从零发展到今天这样的规模，信感由衷的自豪和骄傲。

中国民间舞系 1987 年成立，是前任院长吕艺生主持创建的。当他把这副重担交给我时问了两个问题：一是"你要告诉我们成立中国民间舞系的必要"，二是"你能培养出杨丽萍这样的人才吗？"二十年过去了，这两个问题至今还在我脑海中萦绕。现在的中国民族民间舞系，已成为全院最大的一个系，人数众多，教学、创作、科研硕果累累，培养的人才有目共睹，应该说这是对吕艺生先生提出问题的一点回答吧。

在教材建设上，2001 年我们出版了一部《中国民间舞教材与教法》，获得北京市教学成果一等奖。为庆祝北京舞蹈学院建校五十周年，我们又赶写了这部《中国民族民间舞教学法》，以此向亲爱的母校献礼。这是几代民间舞教育工作者集体智慧和劳动的成果。

我的民间舞课启蒙老师是写《中国民族民间舞蹈文化》的罗雄岩老师，他教我的第一堂课的动作至今难忘。我中专七年级毕业时的先生是李正康老师，是她让我在那一年里脱颖而出。七年之中教授我民间舞最多的是王连城、王立章两位先生，不幸的是两位先生都已作古。我毕业留校后做马力学老师的助教，他放手让我执教，才使我有了丰富的教学经验。印象深刻的是带我们上山下乡去民间采风最多的许淑媖老师，她教会了我们如何从生活中来，再到生活中去；从素材到教材，再升华成舞台的创作节目。说到采风，让我想起那年与王文汉、邓文英老师去陕北学陕北大秧歌和踢场子，又让我想起和马力学老师一起去广东潮汕地区学英歌以及和杨建章、贾美娜老师去广东和海南岛采风。后来，我还亲自带领王玫、陈飞华几位学生去青海、四川的藏族地区转了一大圈，当时学回来的卓和依至今还保存在教材里。多少年过去了，这些情景都历历在目。我就是这样一步步走出来的，这本书的教学思想也是在诸位教师的启发下，在与学生的切磋和互动中一步步形成的。

这本书不仅是北京舞蹈学院教师的智慧结晶，同时还包含着对北京舞蹈学院民间舞学科建设做出极大贡献的各地民间舞艺术家的共识与具体教学方法的见解。如山东济南的张朝群老师、孙玉照老师，安徽的花鼓灯艺人冯国佩、陈敬之先生，安徽歌舞团的杨奇如、金明老师，东北的李瑞林、战肃容老师等等。这些老师和同仁都给我们实质性的指导，是我们编撰这部书的坚强后盾，从他们身上我们悟出了民俗—民间—民族—典范"这一个"民间舞艺术教育发展的规律。

《中国民族民间舞教学法》这本书，是现今众多中国民族民间舞教学方法中的一部，思维方式、写作方法等难免会有以偏概全之嫌。本书注重的是一般意义上的民间舞课程授课方法，是在中国艺术教育大系《中国民间舞教材与教法》基础上的细化，权当中国民族民间舞学科建设时期为解决目前实际教学工作的需要可供参考的基础教材。相信未来关于这方面的论著会越来越多，尤其是具体教材的教学法更是目前所急需的。我们期盼后来者能补充我们对中国民族民间舞教学方法认知的疏漏和对某些问题解释的局限，我们期盼着……

（《中国民族民间舞教学法》，上海音乐出版社，2004年版）

《中国民族民间舞传统、典型组合渊源与分析》前言

潘志涛

    民间—课堂—舞台，是中国民族民间舞学科 50 余年来传承与发展的主体脉络，课堂作为一个承前启后的重要环节，有着自身特有的价值和意义。它不仅培育着优秀的民间舞蹈人才，也保存与传播着民间舞蹈文化，其构成是系统而多元的。教学不仅要有具体的课程，也要有相关的教学方法，更要有高水平的教材，特别是中国民族民间舞风格舞蹈教材，它是整个学科教材建设的核心。

    中国民族民间舞风格舞蹈教材从无到有，可谓让一代代的舞蹈从业者历经艰辛、煞费心血。从北京舞蹈学院的老一辈舞蹈家戴爱莲、贾作光、盛婕、彭松，到后来的罗雄岩、李正康、朱苹、陈春绿、许淑媖，以及马力学、刘友兰、王立章、潘志涛、贾美娜等人，与相关艺术院校和舞蹈院团的专家教授及民间艺术家查干朝鲁、斯琴塔日哈、李瑞林、战肃容、冯国佩、郑九如、陈敬之、赵得贤、欧米加参、库来西、乔良、王晓燕、张朝群、张荫松、杨启如、金明等，都为之付出了极大的心血。在他们的努力下，北京舞蹈学院形成了汉族、藏族、蒙古族、维吾尔族、朝鲜族五个民族以及山东、东北汉族地区、安徽、云南、新疆、内蒙古、西藏、东北延边八个地区的民间舞蹈的教材体系。

    这些教材不但过去是中国民族民间舞学科建设的重点，培养了无数中国民族民间舞职业化人才，也成为今天中国民族民间舞学科教材创新的基础，其中包含民族文化精神、地域文化审美以及时代文化特色，成为任何时期的中国民族民间舞教材建设的财富。基于上述原因，前辈们整理编创的教材内

容我们称为"传统、典型组合",并专门为之开设了一门"中国民族民间舞传统、典型组合"课程,其目的就是想将这些前辈整理编撰的组合继承延续。

随着时间的推移,由于老一辈中国民族民间舞专家的离休、出国、故去等客观原因,今天该课程的授课任务落到了一批中青年教师的肩上,虽然他们也能很好地完成组合动作的教授,但对组合形成的历史背景、文化渊源、生态环境、生产生计方式、宗教信仰、民风民俗等文化内涵,已知之甚少,老一辈艺术家们深入生活、深入群众,挖掘整理素材,结合自己的理解来整理编创组合的方法,更是没有几个人清楚。这些青年教师在教室里虽能传承前人的东西,但是缺少前人对教材所属民族地域文化认知的深度,也欠缺对教材动作风格审美把握的厚度,从而难以抓住教材的精髓。因为根没了、脉不清楚,虽教的还是同样的形式、同样的内容,但是组合最后呈现的质量和神韵的分量轻了。

可喜的是,随着教学的深入与教育理念的转变,教学中对文化传承的重视,再次被中国民族民间舞教师们提上了重要日程,特别是对本书涉及的传统、典型组合的文化内涵、创编成因的研讨,更是成为本学科教师们的热门话题。为此,今天撰写一本这样的书就显得更为重要,因为它不但可以梳理、明晰前人的智慧,也可以为我们现今的教材建设、教学方法、课程设置找一个坐标,具有重大的意义。

(原载于《中国民族民间舞传统、典型组合渊源与分析》,高等教育出版社,2010 年版)

《大地之舞》潘志涛教授访谈录

访谈纪要：

问：请您谈一谈学院派民间舞的价值取向。

潘志涛教授：从民族民间舞的角度来说，第一点是我们的民族民间舞是雅化了的、舞台化了的民族民间舞，她已不再是民间舞的原生态。

民间舞系刚成立时，前院长吕艺生教授就把学院花园里的露天舞台分配给我们民间舞系使用，他对我说："这个露天舞台是你们的。"当时，我的心里对他的话是有看法的。吕院长认为我们的民间舞也应该像墨西哥、俄罗斯等国家在国际民间艺术节上表演的本国民间舞一样，能够在马路上游行。而我对民间舞的设想恰恰不是这样的。当然，我们的民间舞是从游行中、广场上的民间舞里生发的，那是我们的根。当时，我们要通过课堂训练逐渐向舞台上表演的艺术化的方向发展，这是我们要达到的目的。所以，我有过这样的想法：民俗—民间—民族—典范。民俗是原生态，民间是已经比较社会化了的状态，变成了礼仪、礼俗，在人民的日常生活中成为一种约定俗成的节日庆典，再上升就是要作为一个民族的形象，民族的代表，提纯了整个民族的文化心理和审美样式，又经过筛选和大浪淘沙般的时间的考验，最后积淀成为典范。中国的舞蹈应该是这样的一种发展趋势。不能说中国古典舞是个典范，它就绝对完全代表了中国舞蹈文化。我们是经过民俗—民间—民族—典范这样一条提升之路而来的。这是我以前讲过的话。至今，我认为我们确实是按照这个路线走的，也呈现了这样一个状态。我们的节目是逐渐达到民族的状态，在这些节目中有一些典范的作品，比如《一个扭秧歌的人》、《孔雀飞来》、《扇骨》、《老伴》等等，这些作品都体现了我们的思想的作品。实际上，我们招收的学生、培养的人才、创作的剧目，基本上都是围绕这样的思路来进行的。

问：请您谈一谈学院派民间舞的文化基点与学术视野。

潘志涛教授：民俗—民间—民族—典范的思路一直是非常清晰的。在具体的实践中有没有起承转合呢？或者说有没有犹豫和疑惑的时候呢？应该说谁也不是圣贤，在具体操作过程中肯定是有这样或那样的看法和想法，或者时而兴奋，时而低落、沮丧，这些情况在我的事业中是经常会有的。可是，也许是冥冥之中上苍给了我启示，我就在想，我当了民间舞系的主任，我要做的民间舞的事是什么呢？我就是不认同只有中国古典舞一个"典范"。所有民间舞人都认为"45688"（在北京舞蹈学院附中的教学中，民间舞课曾经只是一门副课，其课时安排是：二年级每周 4 课时，三年级每周 5 课时，四年级每周 6 课时，五、六年级每周各 8 课时）绝对不行，不能这样，民间舞应该是主流。当然，我们不是主张大家都跳老百姓的舞，而是把老百姓跳的舞作为我们的根、我们的底，然后去创造民间舞的典范，创造中国人当下跳的舞，树立一种新的形象，创造一种新的传统，这才是我们应该做的事情，也是我始终不渝的奋斗目标。

所以，当我听到民间舞系要和古典舞系合并成为中国舞系，民间舞没有独立的学科地位时，我认为这种设想是倒退的。中国民族民间舞系只能越来越大，只能再升华、再扩大。我的目标是成立中国民族民间舞学院，还要发展东方舞学科，也就是说我们不是孤立发展的，还要与整个东方的哲学思想、文化背景、舞蹈样态有联系，形成一个大的舞蹈文化圈。这和西方确确实实有不一致的地方，西方有西方的价值观念，东方有东方的价值观念。这是两者对世界、对宇宙的不同看法，两方面的智慧加在一起才完整。所以，如果说强势文化就是麦当劳、就是肯德基，而我们是弱势文化，我是不能认同的。从民族民间舞的这个角度上说，我仍然觉得我们是从强势文化上出发来认识问题的。我们不能被潮流所影响，不能因为一时的西方热，就觉得自己的东西已经落后了，已经陈腐了。在对东方与西方文化的看法上，我不认为两者之间是落后与先进的关系，而是要互相沟通、互相借鉴和学习。我们曾经成立过一个韩国舞班，我认为，我国延边的朝鲜族舞蹈并不是孤立的，是与韩国和朝鲜有联系的，因此，我们都要学习，不但要请进来，还要走出去。而近些年来我们能创作出《扇骨》这样的优秀作品，与韩国舞班当初的教学设想，与我们看待各个民族舞蹈的一贯认识是密不可分的。但也绝对不是说我们一定要完全遵照韩国的风格或者朝鲜的风格，我们自己已经创作出了相当有民族感的作品，包括此次北京市舞蹈比赛的《青扇闲郎》，都体现了我们目前对朝鲜族舞蹈形象的塑造。我甚至还想到内蒙古与外蒙古舞蹈之间的差异与联系，以及我们以一个大文化圈的眼界去考虑取合。

如果中国民族民间舞学院将来有一天能够成立的话，从巴基斯坦到印度，泰国到缅甸，还有中亚西亚等等，以这样一种大文化观念来思考或树立舞蹈文化形象。既有以我为主的想法，但又不是就我而我的狭隘认识。尽管这项事业进展得不是很快，但是我们正在逐渐地朝着这个方向努力。

问：作为"桃李杯"舞蹈比赛的原创者，请您谈谈它的作用和意义。

潘志涛教授：当时想办"桃李杯"的目的是把中国民族民间舞、中国古典舞的界定完成。在此之前，这个学科还没有一个大家共同认可的界定舞种的标准，可喜的是，经过这二十来年的运作，逐渐形成了现在古典舞学科和民间舞学科的规模和队伍，以及其中一系列成果。只要比赛必有规则，就必须规定比什么，比什么搞清楚了就明确了古典舞和民间舞的界线。还有什么是我们要强化的，什么是我们该避免的，并且得到了全国几个主要艺术院校的认可。从学科建设上，"桃李杯"起到了拉动专业教学和创作的巨大作用，不但让全国的舞蹈教育界团结起来，而且培养出了许多优秀演员和编导，产生了不计其数的经典作品。在跨世纪20名优秀舞蹈演员的评选中，有19名都是经过"桃李杯"比赛历练出来的，全国舞蹈比赛中也有相当数量的节目是先经过"桃李杯"比赛的。这就像足球队中的青年队，预示着演员的未来状态。"桃李杯"舞蹈比赛虽然是一个手段，但是其目的是严肃的。从我一开始构思"桃李杯"，首先就想到要把同学们的积极性调动起来，就必须先把教师们的积极性调动起来。当时的比赛没有"演员得奖，他的辅导老师也一起得奖"的情况，是"桃李杯"比赛开了这个先例，这样就把教师的积极性充分地调动起来了。第二，不是一个节目比完了就完了，还要有组合和基本功的比赛，要通过层层选拔、不同赛项的选拔，使得我们的人才构成，人才的知识结构比较全面，而不是说一个节目跳好了就是好演员。第三，我们要和社会的整体发展联系起来，"桃李杯"是第一次通过电视直播给观众收看的，并且当场亮分，和观众形成了一个互动，让观众参与，也让业外人士了解到我们舞蹈发展的动向和趋势。这三点是使"桃李杯"能够一届又一届举办，一直延续到今天的非常重要的因素。它的积淀，它形成的这种思路是半个世纪以来，几代人所期望达到的状态。我在"桃李杯"的活动当中把大家团结起来，我所做的就是这么一个组织工作。

问：请您谈谈学院派民间舞的实践与发展。

潘志涛教授：吕艺生院长在任期间，他的想法是：我们不仅要有古典舞、芭蕾舞，还要有中国的民间舞。他让我担任第一届系主任时向我提出了两个问题，一个是，"你要尽早地证明民间舞系成立之必要"，为什么要成立？我必须要用具体行动证明民间舞学科成立绝对必要的。一个是，"你能不能培养出像杨丽萍那样的舞蹈演员"。我当时就回答杨丽萍不是在专业院校中培养出来的，是她自然形成的，她具有她独特的背景和知识结构，但我们培养出来的人才也是杨丽萍不能够企及的。我们的教员、编导和演员所具有的能力与基本功，她并不具备。我要在短时间内证明民间舞存在之必要，我就要有一定的教学、创作的成果呈现出来。也就是说，我们理想中的民间舞人才、作品和教材是什么样子的呢？我们是通过舞台上雅化了的民间舞来证明的。幸好我们所作的努力——《乡舞乡情》、《献给俺爹娘》、《小白鹭之夜》这三台民间舞专场晚会可以说是影响了这二十年来的民间舞创作态势和教学模式，这是当代民间舞发展史上的一个高峰。现在我又在考虑我们的作品的路子窄了一点，我们承担的舞蹈哲学上的任务似乎压力太大，我们对于民间舞娱人娱己的特点有所忽略。我们的创作和教学都太严肃，少了生动活泼的那一面、也少了诙谐幽默的那一面，而这恰恰是人民群众所喜闻乐见的。因此，二人转也好、花鼓戏也好，这种民间生活的主要内容是最脍炙人口的，甚至是百看不厌的。我们在这方面要有更大的汲取，未来的创作应该在这个取向上发展。《乡舞乡隋》、《献给俺爹娘》、《小白鹭之夜》是民间舞发展的高峰，但不是尽头。民间舞还有无数个高峰等待我们攀登。

问：在为民间舞事业的发展做出了这么多贡献之后，您现在关注的是什么？

潘志涛教授：在我的思想中从来没有退休的念头，因为民族民间舞事业生机勃勃，要做的事情还很多，我不能，也不愿意休息。我宁愿累死忙死，也不愿意闲待着什么事都不干。我现在想的是抓两头：一手抓娃娃的民间舞教育——民族民间舞少儿考级，是想把 56 个民族的舞蹈普及到每一个孩子身上，孩子们对于民族民间舞的了解越多越好，给他们未来的民间舞求学之路打下基础，为民间舞人才的梯队建设培养后备军，这样职业民间舞才能有坚实的基础，否则我们的专业教学，精英培养就会缺乏群众基础和大众的支持。一手抓研究生教育，逐渐完善研究生的教育模式，逐步上升到博士生的培养。这两件事情是我决不能放下的，我必须做出最大的努力。

人都会告别自己的人生，但是中国民族民间舞事业必将与世长存。我希望在这个过程中留有我的脚印。

（原载于《大地之舞：中国民族民间舞蹈作品赏析》，上海音乐出版社，2006 年版）

《中国民族民间舞教学
示例研究与方法》前言

潘志涛

中国民族民间舞课应该怎么上？似乎不是一个话题，因为上了这么多年了，培养了这么多教师也塑造了如此多的学生，提出这个问题好像有点多余，但是深入一点来思考，其中可以研究的地方还真不少。1954年北京舞蹈学校刚成立的时候，民间舞作为一门课程正式进入舞蹈教学中，同时进入的还有古典舞、芭蕾舞、代表性民间舞三门课程。历史上先人们给中国舞蹈留下的文化遗产不少，但是如何教学、如何研究的遗产却是凤毛麟角。换言之，在当时的新中国，谁也不能预测中国的舞蹈教育未来应该是怎样，完全是靠当时初创北京舞蹈学校的前辈们用"摸着石头过河"的精神，一点一滴的实践积累，才使得中国民族民间舞蹈教育从无到有、由浅入深，形成了今天这等规模。

半个多世纪过去了，今天我们不仅有了自己系统的教材，也归纳了符合学科特征的教学方法，以及对学科现在和未来发展的认识，这首先要感谢前辈们给予我们的启蒙，更感谢他们赋予我们的宝贵经验，以及前期所做的工作，这是一笔不可计算的财富。当然躺在前人的成果上不思进取是不合适的，时代的变化、学科的发展也逼迫我们不能停滞于这样的探索，因为中国民族民间舞学科自身的文化厚度及其所包含的内容广度，要求我们"学无止境、研无终点"。中国民族民间舞的教育、教学、教材、创作、研究基本上还处在一个刚起步求发展的阶段，对比发展了四百余年的芭蕾舞，可以说是万里长征，才走出了第一步。

中国民族民间舞与中国古典舞同属中国舞，有很多相似的地方，更多的是不同，因为追求的目标、价值、方向都会因学科的定位而产生不同。中国民族民间舞最不同于其他舞种的地方，是它所具有的地域性、民族性、传承性，以及极为重要的群众性。因为这个舞种，来自于人民，自然也贴近人民、反映人民，所以创作、表现、撰写一些最符合人民生产生活、文化审美、精神追求的作品、教材，是决定中国民族民间舞这个舞种文化属性最为关键的地方。

在中国民族民间舞教学中，需要一些反思，作为一个职业化舞蹈教育或者学院派人才培养的目标走向，将民间民风民俗最能体现人民生活本质，表现其原初审美情调的舞蹈形式直接纳入教学，是不合适的，因为它不太适于职业化舞蹈教学的要求和规律，我们必须在这中间找到一条合适通行的做法。

对于民间的舞蹈形式极具特点和典型的东西要保留甚至弘扬，对待一些过于闲散不太符合教学规律甚至有些不雅的东西也要扬弃，在取与舍之间要建立一个"度"。中国民族民间舞需要不同民族地域舞蹈个性的张扬，但同时也不能忽略教学中共性的归纳，诸如民间的舞蹈形式吸引人们的是它的生动和活力，诸如即兴性、适应性、群众性等文化特性。而职业化或者学院派的教学，却强调的是规范性、系统性、训练性，当然不排除个性与创新的成分，但不能有随意和率性，这也是一个不变的事实，面对这样的看似不可解决的矛盾就需要我们用更高的智慧来探索来解决。

中国民族民间舞的教学从附中到大学，经过几代老师们的辛勤实践，曾经有过骨干动作的提炼，也有组合教学的推进，当中还有"龙族律动"的尝试，现在仍在继续的"元素教学"是历时最长的，有了近30年的实践历程，可以说是目前中国民族民间舞教学的主流认识。学院里的中国民族民间舞教师，从附中到大学都十分清楚"元素教学"的提法，是"元素教学"的热心实践者，也是"元素教学"的反思和批判者，因为探索是无止境的，而所有的实践都弥足珍贵。

今天我们面临的却是21世纪的巨变和日新月异的未来，社会在发生着深刻的变化，中国民族民间舞同样要直面这天天在发展着的世界。北京舞蹈学院中专教育已经走过50余年，本科教育也走过30多年，所以我们非常熟悉如何上中专生的课，也能够知晓如何有力地执行本科生的课，因为这是历史积淀留给我们的。但对于在北京舞蹈学院不过十余年的研究生教育，如何开设研究生课程找寻适合研究生教学的方式方法，却是今天我们必须探索的，因为套用中专与本科的教育经验及教学内容，针对文化层次更高、理解能力更强的研究生无论如何也不合适了。北京舞蹈学院作为中国舞蹈教育的引领者，一些试验和探索是必须要承担的，所以如何设计和建立研究生的中国民族民间舞课程，探索适合研究生的教学方法是迫在眉睫的事情，必须做也要马上做。

承担研究生教学工作，我已经有了多年的经历，最初授课都是以对本科生的教学方式来教，因为在探索初期，以已有的经验为基点也是情理之中的。但随着授课时间的延伸，不同专业的学生进入课堂，发现不仅本科的教育模式不适应研究生教学，教学的内容也要加以调整，即便是同样的本科生教材如何教、怎么教、教什么都是一个亟待探索的议题。特别是 2010 学年上的这堂"中国民族民间舞传统、典型组合课"的研究生公选课，一群来自全国四面八方不同研究方向的学生进入课堂，让他们既有兴趣又有收获同时还有反思，是一个不小的难题。

这个情况首先让我想到的是按照以往的套路上课是不行了，必须从教材到教学方法进行一个大调整，也可以说是对自己过去教学经验的一次革命。授课期间同时也在思考另外一个问题，即这堂课对中国民族民间舞的创作有什么影响，如何让学生们确立一个合适的中国民族民间舞创作理念。

创作作为舞台化呈现的东西，可以说是民间舞教育的最终走向，它是表演、教学、科研以及方方面面不同追求的集中体现。例如我早期主抓的《乡舞乡情》、《献给俺爹娘》这两台晚会，可以代表那个时代学科整体的教学水平、教育理念与发展走向。所以多年来我坚持认为，创作在中国民族民间舞教育中的重要性，把不好这个关，所有的努力都将片刻倾覆。

今天有这样的一群编导，学习西方特别是对一些现代或者后现代编舞技法学习过后，喜欢用解构和结构的方法来重组中国民族民间舞，我是一直不敢苟同这种主张的。如果将中国民族民间舞文化生成场景剥离，这就等同毁了这个舞蹈，如同彭松先生所言："这种创作方法，如同'元素教学法'，在追求其特有的系统性、训练性、典型性以及可操作性时，也将民间舞弄得断了气了。"我认为这起码是将中国民族民间舞"矮化"了，民间舞来自人民要接地气，要继承一些原有的文化模式和表达特征，即便随着时代改变，也还是要表达东方的、中国人特有的精神、内容与形式，这就是习惯上说的"源于民间、高于民间"的创作思路。

解构和结构的后现代方法，是现代文明社会的一种文化表达，是工业化、都市化以后的做法，用在生成这种文化温床上的现代舞也许很合宜，但是用在非工业文明、非都市化特征的中国民族民间舞的提炼、加工上就很不合适了。创作需要个性也要多元，在表演、教学、创作、研究等职业化中国民族民间舞的传承与发展中，坚守本民族地域舞蹈文化特征，保持不同民族地域舞蹈文化多样性，是这个学科存在和发展的底线，任何时候都不能动摇。

中国民族民间舞从民间—课堂—舞台，是目前该舞蹈发展的文化共识，也是我积一生的舞蹈经历认识到的一个真理。中国不同民族地域的舞蹈源自于各族人民，是人民群众的创造，是其文化生命的延续，故此我们对之加工、创新说到底也不过是一种浓缩、提炼或是提升而已，而不是大卸八块按照个人的喜好对之进行重组、变革、改造，做出一个四不像的东西。所以我认识到中国民族民间舞蹈发展应沿着"民俗—民间—民族—典范"这样一个进程路线，也就是说我们的起点是在民俗、民间的艺术活动之中，而我们的终点应是在民族与典型形象的塑造与确立上，当然这样来表述中国民族民间舞蹈发展的人，我不算是第一个，但如此明确旗帜鲜明地确认，恐怕这是第一次。

所以在授课的过程中，不但要教会学生如何学习中国民族民间舞的知识和教学方法，也要教会他们确认中国民族民间舞蹈的本质，即是传承与发展那些源于人民、活着的还在持续的舞蹈形式，不但要学习它们的动作，也要了解这些动作蕴含的文化意义，更要知晓其中的历史沿革与潜藏其中的结构规律，只有按照该民族地域舞蹈特有的文化规则与遗传基因舞蹈时，中国民族民间舞的传承与发展才有未来。

我就是按照这样的一个思路来授课的，在依据研究生自身特点进行教学方法和教学内容的调整以后，持续地灌输上述理念是我授课的又一要点。所谓教书育人，如果培育好学生做人做事的世界观与方法论，其他的东西也就是一个过程。这就好比鱼与水的关系一样，只要不脱离水，鱼怎么游都是合理的，因为它还是鱼。这一学年所取得的成果是建立在这一个坚实的基础上的。

本书是一本探讨如何进行研究生中国民族民间舞课程授课的读本，因为是由一门课生发出来的教材，在研究上、方法上有很多的不足，这是意料之中的。作为中国民族民间舞学科，2003 年第一批研究生入学，至今不过几年历程，与之配套教材的稀缺，是不争的事实，所以，许多事情先要有人做起来。在没有前人或者可参照的做法之前，摸着石头过河进行授课经验总结，撰写一部教材也是一种必然。

这本书里的案例，主要是我带的几位研究生的文章，他们是三年级的吴少卿、钟冰洁，二年级的付宜玲、张然、杨紫瑶，以及刚刚一年级的周狄、张晶雪、胡佳慧、吴绚婷等。他们在读研期间上了不少其他导师的课，除了必要的学分要求，这些课程也使他们在专业及理论学习上大有长进。当然，对我的课更为关注和潜心认知，我也鼓励这些同学多对自己身边的导师和教学关心，以至研究，作为他们对舞蹈真正开始展开研究的基础。其他学科的研究生们也对民间舞专业课兴趣盎然，这些同学的热情更触发了我为普及民间舞，提高各界对民间舞认识的激情，所以对这些同学们的课后笔记也部分地收进了本书，无非是锦上添花的愿望。

总之，该教材写作以学习该课程的研究生为主体，他们学习后的感想，是教材的核心内容，也许会有人对之嗤之以鼻，但这本身也是一种新的尝试，因为学生们这种切身实地的体验是真实的，也是非常具有实践价值的，是实践中理性的反思，相信会对学科未来的研究生教育产生深远的影响，有相当的参考价值。

（原载于《中国民族民间舞教学示例研究与方法》，河北教育出版社，2011 年版）

桃李竞艳满台生辉

——访潘志涛谈中国民间精英舞

本报记者　关卫宁

"全国艺术院校中国舞桃李杯赛"虽然只有短短四年历史，但已被誉为"真正高水准的舞蹈大赛"，得奖者都是中国舞新一代的精英分子，也是中国舞的新希望。本港舞蹈爱好者将可以在五月初欣赏他们优秀的演出。

为了了解这次表演的详情，记者访问了北京舞蹈学院民间舞系系主任、任香港演艺学院客席，中国舞讲师潘志涛，他也是"桃李杯"的发起人之一。

潘志涛说，今次共有21位从15至20岁的孩子来港演出，他们都参加去年举行的第二届"桃李杯"比赛并获奖，其中不乏一等奖、二等奖的得奖者。21个孩子分别来自七所艺术院校，包括北京舞蹈学院、山西省文艺学校、上海舞蹈学校等。每个孩子都是数不清的舞蹈老师尽个人多年奋斗成果，悉心栽培的心血结晶，而未来的中国舞舞台表演，将会是他们的天下。

"年轻、有为、有希望"是潘志涛对这群孩子的评语。谈到这次表演节目的特色，他说："具有中国民族民间舞纯朴率真的特点，既有高水平的技术，也有细腻的感情描写；既继承传统，也有创新。三天的表演共有十七出舞蹈，都是独舞、双人舞及小组舞蹈。舞蹈表演人数愈少，就愈难抓住观众的注意力。故此，对表演者的要求就更高。"

表演节目中，《残春》、《乌江恨》、《月牙五更》、《金蛇狂舞》，都是近年新编的作品。

第一届"桃李杯"比赛于1985年8月在北京举行，以后每三年举办一次，目的是团结中国舞蹈界人士，提高中国舞水平。第二届去年八月在北京举行，规模更大，一百二十多位参赛者，来自全国各地27所艺术院校，比赛时间长达一周。"桃李杯比赛"的特色是，指导得奖学生的老师也同时获奖，强调老师的重要性。

　　"桃李精英"中国舞蹈表演，由市政局主办，将于5月9日至11日在香港大会堂音乐厅举行，门票昨日起在各城市电脑票房发售。

（原载于《大公报》1989年4月11日）

一九九四年的工作总结

潘志涛

　　自 1990 年 9 月任副教授以来，仍担任着民间舞系主任的职务，任系主任到今年已是第十年了。近年来，连续毕业了四个不同的班，值得一提的是1992 年毕业的第二届教育专业的本科生，至今由他们产生的影响仍在舞蹈界发生着作用。无论是学校中的教学还是剧团的演出，一些像郭磊、董奕华、韩萍、杨纳、张富荣、周萍、田露，赵铁春、朱显峰（以上均在学校里工作），马人聪（在上海舞校）、曹平、李崇敏（在四川舞校）以及于子雪、王琦等都在不同的地方和岗位上发挥着重要作用，由他们首演的《乡舞乡情》、《献给俺爹娘》仍在社会上盛演不衰，可以讲在教学和艺术实践上都是过得硬的，及至 1992 年毕业的第三届表演专业的学生，1993 年毕业的代培班、山西班和厦门班。也有如白涛、陆俊、黄雪、江清弋、苏雪冰、陈进、史东风、白映文、刘兴范等优秀的学生，在不同的地方起着积极的有影响的作用，我作为他们的任课老师以及主要的策划和组织者，在教案的制订、教学计划的实施、教学改革的思想上都比在我任职之前有了更独立的想法和做法，也更注重德育为首，教书育人的重要性。为此，学院领导和系里老师在 1992 年评选我为教书育人先进，给予我奖励。

　　我自以为在我的工作中第一是认识到事情要靠大家来做，所以团结问题，发挥各人积极因素是我做成每一件事的基础，由此在处理与各单位的个人的，以及不同艺术见解的矛盾关系上也就变得单纯了，能在共同的事业上取得共识与理解了。第二是认识到，我们处于一个大变革时代，原有的知识结构及其层面不能适应时势，必须在观念上，思维方式上积极进取才行，所以我在工作中反对墨守成规，故步自封，尽可能给公众一种开朗的开放的风度。第三是认识到当前是一个竞争的时代，信息多、变化快，由此，我特别产生紧迫感，不敢有丝毫的怠懈，既要把握教学规律遵循艺术原则更要不失时机地去向新的领域挺进，故此，可以说我在这几年的工作是勤奋的，勇于探索的，而且是坚持在自己岗位上勤奋探索的，由于在认识上、观念上比较适时明晰，做人做事情也就比较稳妥。几年来我系在教学改革上是比较成功的。第一是出人才，第二是出教材，第三师资队伍的提高和巩固。人才的培养，在现时突出的问题是应时人才培养问题，舞蹈事业能否应时发展，主要我们培养的人才能否适应发展着的时势，我们既要培养如于小雪、白涛这样高水平的民间舞蹈表演人才，也要有如王玫、孙龙奎、高度、明文君等多方面发展的人才以至像朱显峰、廖忠等暂时与民间舞无直接关系的人才。再者是教材的修订问题至关重要，根本的思路是学以致用，在相对稳定的基础上去更新、去完善，不能停留在汉、藏、蒙古、维吾尔、朝鲜的原有思路上，要使教材更适用于复合人才的培养，民间舞基训课教材的编写以及中国民间舞汉族初级录像教材在今年七月份出版发行，也都是面对新发展，填补空白点的积极作为。

师资队伍的巩固与提高在当前更显重要和困难重重，没有一支具备献身精神且又具有高水准的能够承上启下的师资队伍，要使我院在跨入 21 世纪后仍在全国享有领导地位是不可思议的，充分发挥留校青年老师的积极性，专业上给予指导，工作上给予重任，待遇上给予保证，干群关系上给予信任，青年教师自然会有种稳定感，学院留人，我们要做的工作是"留心"，把青年教师的心留住，才是事业长期发展的根本保证，去年系里为每位教师配备一台电脑，其意义正在于上述考虑，从心理上到实用意义上都是提高与巩固师资队伍的一个积极的举措。要使事业顺利发展，缺少资金是无法成事的，近年来，在院领导的正确政策指导下，我千方百计地筹措资金，保证了教学工作的正常运转，可以说，系里的日常开支、重大的教学项目，我们都已在经费上达到自给，这不仅减轻了国家和学院的负担，更重要的是发挥了我们自身的潜力，增进了我们每个人的自信心。

几年来，我们除完成系里的工作，完成好自己的教学工作外，更为学院和社会做了大量工作。1991 年文化部为《乡舞乡情》在国内外的成功演出给予了奖励。1992 年文化部又为《献给俺爹娘》的成功演出颁发了奖金，同时还为赴藏演出慰问团颁发了奖状并记三等功 1993 年参加了七运会开幕式，文艺表演的创作和演出，得到了国家体委的表彰，1994 年参加中央电视台春节晚会，得到广电部的嘉奖。现在我全系师生都在为学院的三大活动尽力，贡献着我们的聪明才智，相信会有较好的成绩。

　　我自小热爱舞蹈学校的教育，我所有的一切都是舞蹈学院给予的，入学后受教育七年，留校从教至今已三十一年，今年整 50 岁，刹那间想起一句中国古话："滴水之恩，涌泉相报。"所以，无论我做多少工作都是应该的，都无法报答党、人民、学校对我潘志涛的厚恩于万一。

（原载于潘志涛个人工作档案）

实话实说"桃李杯"

李华　李淼

　　一直以来，去参加"桃李杯"，在大赛中能够争取获得奖项，这对于全国各地的每个舞蹈艺术教育院、校、系、科来讲，都如同久旱的禾苗企盼甘霖雨露一般急切。他们或将"桃李杯"比赛中获得的佳绩作为生存和发展的新起点；或把在比赛中得到的锤炼过程与生命的凤凰在烈火中涅槃视为等同；其中有的更是把参赛落脚点，定位在去争得自己在行业内的"一亩三分地"，逐步扩大自己的"耕种面积"，然后再进行一番精耕细作的朴素思想之上。此间，我们不难看到这样的情形：为了比赛，中央一级的院校在殚精竭虑商讨研究战略方式；地方一级的系科也在为之费尽心机、呕心沥血地思考分析战术方法，更让人们感动的是大部分来自基层的、综合实力相对偏弱的单位，大有不达目的誓不罢休的气概；他们个个跃跃欲试、人人摩拳擦掌，为了比赛大有倾尽所有，为了比赛拼它个鱼死网破，冲杀个头破血流的决心。"桃李杯"如火如荼的新一轮竞争就是这样，在上一届赛事尚未落下帷幕，下一届比赛序幕同时也随之即刻悄悄开启！

　　在"桃李杯"比赛这个浴火重生的熔炉里，全国各级艺术院校舞蹈教育院、校、系、科为之而精挑细选出下一届能够代表自己本单位实力的选手、组建一支能征善战的参赛队伍；为之迅速成立装备齐全、步调统一的"尖刀班"，建立起组织严密、同心协力的"突击排"；他们为之独立设定专门的攻坚目标，拟订周密的训练计划；为之所设置的各个细节几乎周全到团队攻坚阶段的科学合理的饮食搭配、选手在冲刺时期的生活起居调节，以及比赛期间张弛有度的调养休整等各个方面。可谓高手云集、面面俱到、事无巨细，几乎达到了天衣无缝、无以复加的地步。

可以这样说,"桃李杯"比赛,在我们全国的舞蹈教育界内大家早已约定俗成地把它形容为是一场"奥林匹克"运动盛会!我则更喜欢这样来形容它:"桃李杯"比赛是吹响考察中国舞蹈教育成果,并能够一呼百应的集结号;它是更新我们舞蹈教育理念,调整合理布局的一盘棋;它是检验各类舞蹈基础,检查训练效果的一块试金石;它是舞蹈教育变革、发展和延续的一座风向标;它是观摩舞蹈教育园地绚烂纷呈的一只万花筒;同时它更是一台带动全国舞蹈教育战车整体联动行进的发动机。

一盘棋

私底下,我们都把全国重点的一流院校(a组),比喻成"桃李杯"比赛的"超级大国";又把二流院校(b组),比喻成"桃李杯"比赛的"第二世界";再把三流和末等参赛院校(c组),比喻成"桃李杯"比赛的"发展中国家"。近几届"桃李杯"比赛的细则,虽依次对各个不同舞种、不同类别、不同层次和不同级差的比赛进行了细致的分门别类,进行了渐进稳固的适度调整以及合理的改进和搭配;但是,对于"发展中国家"的一些参赛队伍来讲,相对还是少了些许的"人文关怀"。为了参加比赛,这些参赛队伍他们趋之若鹜、追随跟进;为它费尽心机、伤透脑筋甚至达到近乎于痴迷癫狂、欲罢不能的程度。比赛的整个过程中,他们前仆后继、累败累战的大无畏精神着实令人们感动、催人奋发!然而,为何他们的每次比赛的结果,总是与上几届比赛结果如出一辙、惊奇地相似呢?究其原因我想,问题的根源是不是出在大赛对考虑各级参赛院校的"相同"或是"异同"这两个焦点上不够周全的因素所致呢?

我们知道,在"桃李杯"章程的制定上,出于对比赛"含金量"比重以及"专业性"的考虑,组织机构自然会将评判标准重点偏重于一流院校或少数二流院校这个层面上来进行衡定,由此来突出"含金量"。客观地讲,这本是无可厚非的比赛刚性原则和前提条件,然而,依我看来却又存在有待商榷的地方。譬如:"桃李杯"章程的制定是否应该尽量把全国各地、各级的教育资源、师资力量、地域条件、文化差异……因素分别加以综合考虑,同时又有意识地尽量避免出现——"春歪镦"(民间的解释为关注点只放在某个局部，意思为偏心眼）现象的发生。我的看法：应该对多数二流、三流和等外参赛院校的诸如教育资源、师资力量、地域条件、文化差异等因素加以全面慎重的考虑，将考虑重点放在各级参赛院校的"相同"或者是"异同"的出发点上，让"桃李杯"像奥林匹克运动会比赛那样严格分类，求得共同参与各展其长之效；像大型"奥林匹克"运动会那样既有团体项目的"相同"之处，又有单项体育锦标赛那样的"异同"之分。如此一来，好比 2008 年奥运会的"水立方"中，菲尔普斯有他独拿 7 金的欣喜；乒乓球馆内，也能听到国人捧得金镶玉的笑语欢歌；"鸟巢跑道"旁边，同样能够看到非洲朋友冲刺闯关后的雀跃欢呼。这是我们大家共同期盼的"奥林匹克"和谐盛会，我们的"桃李杯"比赛亦应如此。

我们完全有理由相信，从国家的角度看，就中国整体的体育运动水平而言，去应对"奥运会"这样的大型综合体育运动会，通过比赛争取佳绩是绝对不成问题的。这也正是我个人认为的"相同"所在。但是，要求我们的足球项目去"冲出亚洲走向世界"，去争取足球世界杯的好成绩，在短时间内要有一个满意的结果是非常难以达到目标的，这也正是所谓的"异同"之处。若将"桃李杯"赛事章程硬性规定在如同世界杯足球比赛的单项锦标赛之规定范围内的话，我想大多数艺术院校在"桃李杯"的参与必定只有成为垫底的匆匆"过客"而颗粒无收。用如今流行的话讲就是去"桃李杯""打酱油"、"凑热闹"，最终是否会让这一广大的群体，或者那些抗打击能力偏弱的队伍逐步演变为事不关己角色，进而让他们成为冷眼旁观的"看客"呢？我想这样下去，"桃李杯"赛事势必走向如同南美人反复来到中国专门参加中国人擅长的乒乓球比赛而空手归去，或者顶多捧上一个"鼓励奖"奖杯打道回府了事；反之，又让中国人专赴南美参加那里的足球联赛去以卵击石，扛一面"敢斗奖"旗帜聊以自慰?！长此以往，倘若不是本人杞人忧天的话，想象着某一天"桃李杯"比赛，是否会形成几家欢乐多家愁的局面，走向自拉自唱的孤寂，走向孤芳自赏的境地呢?！

如此一来，在制定"桃李杯"赛事章程的时候，我们是否应该把出发点真正放在对全国各级舞蹈教育院、校、系、科、班的教学成果检验的同一性和差异性上来。我们既承认客观存在的同一性，又把着眼点真正转移到二者相互之间存在的差异性；以最大限度地推动"杯赛"达成和谐统一的初衷；

营造出一个大伙参与、共同提高、集体受益的良好氛围，形成"桃李杯"赛为一方，广大参赛队伍为另一方；犹如一盘棋子合理布置的同一与差异并举的和谐格局岂不更加圆满。

一块试金石

有道是万变不离其宗，对"桃李杯"赛事细则的制定，我想"桃李杯"一定不会将考虑重点仅仅停留在只是扩大参与范围的一个简单层面上。也不会仅仅为了赚取几声廉价的吆喝而隔三差五地来折腾大家；更不会找一个理由，不厌其烦地召集大家来品尝一下几家欢乐多家愁的滋味（对于大部分实力弱小的队伍）。虽然，"桃李杯"比赛早已定位在舞蹈教育艺术的检阅这个原点基础之上。但是，随着时间的推移和舞蹈教育艺术改革的深入，"桃李杯"赛事细则还是特别的需要我们去追求一种更加清晰地将赛事、赛程和具体比赛分类项目的细致安排上，将它们之间的关系进行分门别类地合理捋顺，基本能够达到主次分明，轻重有别之效果为佳。

在早前的几届"桃李杯"比赛中，我们的确看到比赛细则的制定，侧重放在基于院校之间的基础教学检验这一"锦标"赛特征的突出点。这一特征着重表现在评判舞蹈基础教学、对表演人才的舞台表现细节的全盘检验上。紧接着后来的几届"桃李杯"比赛细则的调整，在原有的基础上充分考虑了全国各个院校积极参与的广泛性，于是就开始出现了各地区、各层次、各级别舞蹈院校之间同台竞争、相互学习的大好局面。它催生了舞蹈基础教学特色的多种表现，也促进了舞蹈基础教学品种多样化的萌发。而近来的几届"桃李杯"比赛，则再次进行科学完善，将它在原来的基础之上，更进一步地扩大了舞蹈教育的各个院、校、系、科、班准入和全面细致的分项比赛；全面展开了除基础教育之外，不同舞种、不同门类、不同流派、不同民族和不同区域以及分不同层次、不同级别的几乎是涵盖了舞蹈教育各个学科分门别类的比赛形式。与舞蹈教育相关联的林林总总的分项目比赛，使得"超级大国磨刀霍霍"有了姿态，"第二世界展戈亮戟"有了形状，"发展中国家剑拔弩张"也有了模样。如此一来，江湖"舞"林的风生水起就有了源头，"舞坛"争锋局面亦是愈加的精彩纷呈。

在这里我想要进一步说明的是，既然"桃李杯"大赛在舞蹈教育界，已经成为院校之间相互切磋、学习、交流和竞争的"奥运会"。那么，如同体育比赛那样，它就必须包含单项体育锦标赛与大型综合体育运动比赛所不同的因素。我们是否可以把"锦标赛"和"奥运会"作这样一个相对客观的界定呢？是去将就"大"舞蹈"奥运会"理念，还是迎合"小"舞蹈"锦标赛"概念。或者干脆，兼容成两者合二为一的结合体形式呢？依我看来，舞蹈教育艺术是一个理论加实践紧密结合的庞大体系，其中就包含了除舞蹈表演以外的各舞蹈学科以及种类的分支，它们之间既相互并举，又互为区分。在大赛细则的制定中，我们就应该相应地进行区别对待。好比中华武术的拳种，它有龙形拳、虎形拳、蛇形拳、猴形拳一类的拳种，又有少林派、武当派、峨眉派的区分，更有南拳、北腿的差异。仅用一个或者几个硬性标准，或者严格苛刻的规定动作，已经远远不能够涵盖如此众多的舞蹈教育种类和项目的比赛。既然"桃李杯"是舞蹈艺术教育界的一项赛事，它就一定包含了与体育赛事不同的诸多别样的成分；在纷繁复杂、种类众多的舞蹈大花园里我们需要培植更多的"品种"，以此来更加丰富舞蹈种类的多样性。单用"大一统"的教学模式进行界定，并制定出不能越雷池一步的细节，忽略了丰富多彩的舞蹈艺术教育现象，就会降低舞蹈文化的繁荣和发展，降低了其可持续发展的延伸性，这是否会与百家争鸣、百花齐放的方针有些相背是值得我们商榷的。

归根结底"桃李杯"赛事细则的制定如同一块"试金石"，我们有必要明确，比赛庞杂的综合性和特定的专一性，以及二者相互兼容的中间性。同时，将比赛的综合性、专一性、中间性三者加以区分，让三者既相互区别，又相互统一。在相对统一的教材的大检验标准中、相对完整的教学成果的大检阅之基础上，充分允许其中的差别。承认其中的差异以及个性与共性相互依存关系，只有这样，我想才能更好地体现"桃李杯"赛事细则制定的完整性，减少"误判"、"错判"、"漏判"和"偏判"现象的发生。

一座风向标

单就舞蹈基础教育中基本功训练的"技术技巧"这个名词来讲，它的组成包含了"内在技巧"和"外在技巧"两部分。技术技巧应该是融表达和表现为一身的总和。我总是这样认为,"技术技巧"不能仅仅界定为跳、转、翻动作这个局部;对于舞蹈来说,"技术技巧"不应该只是跳、转、翻组合的代名词,"技术技巧"应该是特别强调舞蹈基础教育中基本功训练的内外并举,身心合一的统称。"技术技巧"应该是一种"内在技巧"和"外在技巧"二者之间你中有我、我中有你的相互依存关系。如同两个打碎的泥塑,重新用水将它们调和,分别进行再次重塑那样的密不可分。

我们都知道,不论大型"奥运会"也好,还是小型单项体育"锦标赛"也罢,它们大都以强调"外在"技术技巧为先,(何况艺术体操、水上芭蕾、高台跳水等项目都已经开始注重内在的技术技巧的表达),因为,体育比赛的最终落脚点在竞技夺标。而"桃李杯"赛事却有所不同,它属于艺术比赛的范畴,它在强调外在技术"形"表现的同时,也特别强调其艺术性"神"的传达,其中"神"的表达尤为重要。我个人认为"桃李杯"各个项目的赛事对"技术技巧"这个名词的解释有些含混,没有给予其"神"的表达应有的主导地位。可以说:"技术技巧"不能够单指或干脆定性为"形"的表现,"技术技巧"应是神形兼备的高度结合以及完美统一的总代名词。

在以往的"桃李杯"分项目比赛之中,尤其是舞台表现类项目中,不论是训练组合还是即兴表演,我们或多或少地把"技术技巧"的"形"的表现放在一个非常重要的位置上加以强化来进行评判;无意之间却削弱或降低了"技术技巧"的"神"的表达地位的树立和提倡。不经意中将它们二者割裂开来,于是我们就会经常看到这样一种情形:就是许许多多几乎可与杂技的柔术、艺术体操的技术技巧竞技媲美的表现形式。其中选手的自然条件展示中,后下腰要求达到双手抱膝盖(后脑袋贴到腰曲椎),搬正、旁、后朝天凳腿可超越180—200度极限;比赛中选手的,跳、转、翻技术技巧组合表现出"形于外"风急火燎的流动,飞沙走石的阵势,龙腾虎跃的场面。这些也着实令人欢呼雀跃、群情激昂。然而,缺少了建立在情感基础之上的技术技巧"神"的表达,舞蹈内涵之中心气、韵、神、律的弱化、忽略和缺失现象是否会给人有卖"花活"、耍"把式"的印象呢?诚然"内在"的"技术技巧"我们可以通过比赛中设立的"剧目比赛"环节来实现评判,可是又怎样才能够"消除"内外兼备的"技术技巧"重"外"轻"内"的惯性思维呢?正是这样的惯性思维的导向作用的左右，大家便肯定去追求重"外在"表现，轻"内在"表达的"技术技巧"。看见在这种错误理念的引导下，目前在今天舞蹈教育中，在"桃李杯"比赛的技术技巧环节上，我们已经拥有了它为数众多的卖"花活"、耍"把式"的追随队伍。

这里请允许我举例说明：据我所知，现如今在个别艺术类高校的舞蹈招生中，已经出现了许多重"形"表现而轻"神"表达的唯"外在"技巧是瞻的现象。一些舞蹈表现技术、表达技巧综合素质全面的专业高考生，在一口气能够连续完成二十几个"托马斯全旋"技巧的对手面前败下阵来。这种情形的出现，究其原因与"桃李杯"比赛中，重"形"轻"神""风向标"作用发生的偏离并左右了我们衡定评判选才的尺度是密切相关的。"桃李杯"比赛"风向标"作用让我们逐渐游离在舞蹈艺术表达最为核心的"神"的表达范围之外，或者干脆就把跳、转、翻、自然条件展示统统与舞蹈技术技巧划为等同。诚然我们对"桃李杯"比赛中少甲、少乙组别的要求，侧重"形"的表现和轻"神"的表达是基于舞蹈选手的成长特性所决定的，也是可以理解的。因为处在这个特定阶段的少甲、少乙组别，其综合素养的达成尚需舞蹈教育长期不懈的综合开掘来达成；可是，对于"桃李杯"比赛中，成年组别的要求应该有所区别，有所侧重，它需要更加强调舞蹈艺术舞台表现和表达的形神兼备和内外并举。更何况肢体表现的杂技表演与舞蹈表演有所不同，前者多为炫技，后者长于表达。"桃李杯"比赛倘若将舞蹈基本功训练的跳、转、翻名词笼统地称为"技术技巧"，就好比一座风向标指向出现了偏移，会误导人们，让人们在实践中产生错误的方向性偏移。

"桃李杯"比赛的每一个细节都具备了它强烈的"导向"性质，"桃李杯"比赛宗旨理所应当要引导大家正确理解"技术技巧"的真正内涵，以备大家在实践中，理性地、合理地、巧妙地应用，并将它潜移默化地贯彻在实际课堂教学细节中。因此，作为舞蹈表演艺术的舞台表现部分，其中辅助训练手段的跳、转、翻组合，参赛选手自然身体条件展示，评定标准的层次地位、分量比重等一系列项目，特别地需要我们强调其科学准确的定位，需要我们反复重申对"内在技术技巧"的深度开发，让它在表达中起到主导作用。只有"神形兼备"的孜孜追求，才是真正达成我们舞蹈基础教学"技术技巧"内外兼备、高度统一的终极目标。

一支万花筒

一花独放不是春，百花盛开春满园。时代发展进程已经跨入 21 世纪的今天，我们的"桃李杯"比赛，呈现出异彩纷呈，一届胜过一届的大好局面。但是也应该看到自上世纪 80 年代初，我国舞蹈界在大连举行的单、双、三人舞蹈比赛中便开始出现了喜好"中性"偏向审美思潮。"中性"审美作为舞蹈审美的补充虽然情有可原，它的出现应该说是在习惯了原来唯男性舞蹈属阳刚，唯女性舞蹈专阴柔的审美方式基础上的一种打破单一审美格局的补充。作为一种审美需求的补充它的存在是有理由的。可以说，这种"中性"偏向审美的出现是一种临时需要，是一种人们司空见惯的一般意义审美惯例下的调剂，是一点单一审美方式的补充和变化。但是，要将"中性"审美作为主流，并且加以提倡这是"桃李杯"比赛万万不可以提倡和引导的。

在今天的商业娱乐活动中，尤其是在一些选秀节目和文艺晚会中，有这样一种喜好"中性"偏向审美思潮，这种"中性"审美偏好，大有蔓延泛滥的势头，值得引起"桃李杯"密切关注，值得"桃李杯"高度警惕！

舞蹈基础教学的表演人才训练中，大家已经习惯了对男舞者飘逸洒脱特点的深度挖掘、女舞者妩媚多姿风格的广泛整理，与此同时，也夹杂了一小部分对男舞者"妩媚多姿"的补充训练以及对女舞者"飘逸洒脱"的补充添加，以此求得他（她）们的全面均衡发展。为他（她）们在将来的作品表现中能够具备综合能力进行铺垫也是舞蹈教育需要关照的部分。不过这种情形的出现我们绝对不应该把它们当作一种主流审美意识。倘若将男舞者完全塑造成"妩媚多姿"、女舞者统统训练成"飘逸洒脱"加以推崇的话，"桃李杯"比赛的审美取向就大有问题啦！

千百年来，我们中华的传统文化已经将男主阳和女属阴的观念深深印烙在我们的主流审美意识里；我们的舞蹈教育体系也一直贯彻着男性阳刚和女性阴柔的培育理念。可是近来的"桃李杯"赛事对传统审美提出了新的问题，即男性选手阴柔化，女选手阳刚化的中性趋向已经非常明显。在我们平时的专业教学之中也在不由自主地设定男生的柔、韧、软、开要求达到或超过女生，而女生的力量、弹跳则片面要求与男生看齐，加上一些作品创作的题材搭配，推波助澜，结果呈现在比赛舞台上的大都充斥着阳刚和阴柔无区别的混乱现象。这好比阳刚豪放的男人端坐在庭院阳台引线穿针、纺布织绣一样给人不适；恬静柔弱的女人光着脚丫在大庭广众面前上刀杆蹈火坛那般让人难受。诚然，我们允许审美的反差甚至性别"客串"，但是，这样的反差和"客串"是坚决不能成为主流。正好比"花木兰"替父从军的英姿飒爽是个案，让"安禄山"酒酣助兴表演"胡旋舞"尚且可以接受，可让绝大部分男选手，总是翩翩舞动蔡文姬的"胡加十八拍"、玉环娘娘的"霓裳羽衣"舞，何时来了兴致让孔明、关羽、张飞反复"长袖踏歌"，岂不让人毛骨悚然、不寒而栗！有道是"上行下效"，古有皇帝喜细腰，后宫粉黛皆饿死；天子王公好纤脚，高墙内外皆缠足。

在传统审美不变的前提下，我们可否这样的要求，允许个别"走样"的审美存在，但坚决不予提倡。否则，偏差的审美必然导致歧异，将给舞蹈事业造成无法弥补的损失。我们不愿意看到一台舞蹈晚会之中，舞台上反复出现"花枝招展"的男性舞者满台扭捏作态的现象，也不愿意天天接触表演区内充满"气势滂沱"的女性舞者满场翻滚的情形。我想异彩纷呈的舞蹈花园、美女们燕舞莺歌、顾盼回眸总会让我们心神荡漾、流连忘返；帅哥们飘逸潇洒、气宇轩昂同样激动万端、心驰神往。偶有变化的帅哥柔情似水，时有美女亢奋激昂也不失审美趣味的补充调节。但是，过度追求偏向的、怪诞的审美，于舞蹈事业的健康发展有百害而无一利。

一台发动机

自 20 世纪 50 年代以来，在中国这块文明古老的文化土地上，北京舞蹈学校的成立（80 年代初开始建立大学教育），标志着真正意义上独立的舞蹈学科比较完整系统的专业基础教育体系的建立。这个时期的舞蹈基础教育呈现出高度统一性和不可替代性。时至今日，20 世纪 50 年代北京舞蹈学校的绝大部分教育理念和教学方式一直统领着我们全国各地的舞蹈专业教学局面，深刻地影响着全国各地的舞蹈艺术教育院、校、系、科的教学实践活动的方方面面。

如今，占在全国舞蹈教育界一呼百应的有利位置，"桃李杯"理所应当地要担当起承前启后、继往开来的重任；需要持续不断地继续发挥其不可替代的"发动机"作用。如前所述，"桃李杯"比赛是更新舞蹈教育理念布局的一盘棋，是检验各类舞蹈基础训练效果的一块试金石，是舞蹈界发展变革的一座风向标，是观摩舞蹈教育园地绚烂纷呈的一支万花筒，同时也是带动舞蹈教育战车整体联动的一台功能强劲的发动机。伴随着我国市场经济的确立，文化体制的深化改革，我们更加迫切地需要"桃李杯"比赛，在理论上科学地引导业界，深入探寻完善与之关联的各项实践活动；从而培育出更加符合社会需要、适应市场需求的舞蹈艺术人才；然后再根据社会需要、市场需求的实际情况，逐步扩充新兴的舞蹈种类。尤其在强化提高新兴舞蹈种类的地位的同时，充分肯定他们在舞蹈大家庭里不可替代的作用和价值。认真研究诸如体育健身类舞蹈、大众自娱自乐形式的舞蹈，包括如今在坊间广为风行的外来"街舞"……之类舞蹈，将它们的一些经过实践经验证明良好、可行、可操作的教学方法及其训练手段和更贴近今天审美需求的表现特长，通过行之有效的提纯取其精华，通过客观理性的扬弃去其糟粕，最大限度地将它吸纳并参与到我们现行的舞蹈教育体系中来，把新兴舞蹈种类当作"润滑添加剂"，注入"桃李杯"这台"发动机"里，让我们的教学实践活动各个"部件"紧密牢固的连接，让各个"齿轮"协调有序地互动和联动起来。如此一来，"桃李杯"比赛这台功率强劲的"发动机"，一定能够联合舞蹈理论这个正确精准"方向机、导航仪"，加注了全国各个舞蹈艺术院、校、系、科广泛积极参与群情激昂的高标号"燃油"，以协调顺畅的"传动"输出，实时驱动舞蹈实践"行驶"的车轮，承载庞大结实的舞蹈种类"底盘"基座，连接舞蹈教育各专业学科组成的"车身"结构……中国的舞蹈教育战车，一定能够在激烈变革的动荡之中，平稳行驶向目标明确的纵深。

实话实说"桃李杯"大赛，在我国老一辈舞蹈教育家的倡议、发起、扶持、培育、引领和指挥下，走过了它30多年的风雨历程！"桃李杯"这个三年一个轮回的超级比赛，告诉我们一个不争的事实：通过历届的比赛，"桃李杯"在不断的变革进程中推陈出新，逐步完善了我国舞蹈教育体系的科学性、系统性；在谋求发展，保持舞蹈种类的丰富性、多样性方面进行了深入的探索。尤其是"桃李杯"在逐步完善我国舞蹈教育体系中人才培养的累累硕果有目共睹。毋庸置疑，我们"桃李杯"比赛的重大职责是担负着对未来舞蹈专业教学趋势和走向的深入研究，它必须具备在比赛全程中理论先行、料事如神的前瞻能力。当代中国舞蹈教育事业的发展壮大和深化离不开"桃李杯"的指导，不同种类的新舞蹈加入期待着"桃李杯"的包容和肯定，日臻完善的中华舞蹈文化空白等待着"桃李杯"填补充实，舞蹈艺术地位的提升盼望着"桃李杯"旗帜在艺术领地猎猎招展。

"桃李杯"我们真诚祝愿您历久弥新、继往开来！

后 记

　　《舞蹈旅程的记忆——一位中国民族民间舞教育者的口述史》最初的撰写编辑动机，是北京舞蹈学院 2012 年"中国当代舞蹈发展史——舞蹈人物信息资源抢救与保护研究"的一个项目，潘志涛教授与其他七八名教授一起被选为第三批舞蹈人物档案研究对象，并要求在本年度结题。因为我与潘志涛教授比较亲密的师生关系，课题组委托我向潘教授转达，同时协助他找一个项目负责人来执行落实这件事。见到他汇报之后还没说什么，潘教授就指定我来做这件事，他负责其他的一切，这本书撰写的历程就开始了。

　　依据课题组"采用各种方式和手段，把对中国当代舞蹈事业发展做出重要贡献的专家、学者的学术思想、工作经验和艺术成就进行一个梳理和记录，建立一个活态的艺术档案，服务今后的舞蹈教学、创作和研究。"的精神，跟课题组总负责人碰面交流之后，又跟潘志涛教授进行多次的沟通互动，最后决定对他的人物档案研究共分四部分完成：第一，视频部分。针对他专门做一个类似艺术人生栏目的专题，同时关于他的学术内容也要做一个光碟，共两部分内容。第二，对他的从艺经历做一个影集画册，课题组要求不能超过50 张，但是我们搜集上来的照片超过千张，最后达成筛选成 100 张的协议。第三，对潘教授的一些手稿、证书等具体实物进行搜集整理归类和存档。第四，就是出一本关于潘教授口述自己的艺术历史，和别人评说他的所作所为以及他曾经撰写的学术理论文章的一本合集专著，也就是这本书。

　　刚进行的时候想就这么些内容，十几位人手，工作不是很快就可以完成，做了之后才发现想的和做的差距真是太大了，如何将潘志涛教授的艺术生平梳理出来一条线，并在这条线的基础上找到一些闪光点，做到不仅是他回顾历史还要有激励别人人生的作用，以及找评述他的专家是否能成行，别人是否愿意做这件事，都是一些说不清道不尽的困难……尽管困难重重，最终这本书还是出来了，虽然比较单薄，也会出现这样那样的问题，但是成书结集可谓点滴在心头！

如果说一年的辛苦没白费还能做出一点成果，首先要感谢的就是潘志涛教授，真是"大力支持，鼎力相助"。他说服我接这个课题时说了三句话：第一，我做过很多的事，我的材料也很丰富，你找我做不会没东西可做；第二，你跟了我这么多年，对我也是非常的了解，不说前面合作过几本书，就是这么多年师生的互动中，我做的许多事情以及我的为人你很清楚，我相信你能做好；第三，就是做这件事我大力支持、鼎力相助，要人给人、要钱给钱、要物给物。

他说到做到，这里面有许多故事书中都没有写，但却是永远不能忘记的，作为一名国内知名的教授，他的时间基本上也都是挤出来的，学生对他的采访，从早上紫竹院公园晨练开始，到他下课的空隙，以及去往机场的出租车上，所有的空余时间都可以对他进行专访。还有课题一开始根本没有经费支持，他自己先垫上2万元作为启动费。所采访的专家由于在国内的身份与地位，见一面非常困难，潘教授常常出奇招今天拜见一位，明天自己请专家聚个餐，后天到医院探访一下，例如他的老同学蒋华轩就是在医院电梯口采访完的。有这样一位老教授如此的支持，这本书结集成书自然是情理之中的事了。

还有要感谢的就是那些我们采访的专家，他们当中很多都是中国舞蹈界的知名编导、教授或者大家，也有很多现在是马不停蹄工作的一个群体。当我们要对这些专家、教授、大家采访的时候，他们都积极地配合，甚至在采访的过程中，还主动邀请我们的学生喝茶就餐，他们说的有关潘老师的事情，不仅是在肯定一位对中国舞蹈界作出贡献的老专家，更是在修补着一段段不为人知的新中国舞蹈艺术史，而这一切对于舞蹈界和舞蹈学科未来的发展至关重要，所以特别感谢这些老师们的大力协助和他们精彩有趣、入情入理的讲述，让我们了解了很多不为人知的事情。

再次要感谢的就是从事这个工作的年轻教师和研究生以及本科生们，他们是北京舞蹈学院博物馆的闫晶老师，研究生处的龚荣老师、欧少琳老师，以及2009级研究生张然，2010级周狄、张晶雪、吴绚婷，2011级周菁菁、夏晴、杜恩妤、金东孝、郭瀚繁，2012 级张天阳、孟思、王婧文以及舞蹈学本科的郑妍妍和冯伟杰同学。正是他们不懈的努力、辛勤的工作，使访谈和资料的整理得以顺利地完成。在截稿之时向所有为本书做出过贡献的老师和同学表示真诚的感谢！

　　截稿之时也需要有些备注说明，即在访谈文章中，访谈者与受访者的观点不代表本书编者的立场，相关文章仅作为学术交流与参考之用。由于编者学术水平有限，一些过往年代的事件、人物不一定很清晰明了，加之编辑撰写的时间仓促，许多内容以及访谈者涉入的不深，难免有些事件以及部分内容有疏漏不足或钻研不深的问题存在，希望各位专家、学者们多加指正。

王　昕

2012 年 11 月 9 日于北京